キャリアデザイン入門テキスト

人生設計のためのパワースポット55選

CAREER

DESIGN

中嶌 剛・著

学事出版

推薦の言葉

　キャリアを考えるということは、これから自分はどのような人間になり、どのような人生を送りたいのかを考え、自分らしい人生設計図をつくることです。

　だれにとっても人生は1回しかありません。環境変化の激しい世界では、必ずしも設計図通りに人生を歩めるとは限りませんが、将来の設計図（目標）をもっている人とまったくもたない人では、人生の過ごし方は大きく異なります。

　ありたい自分と現実の自分はギャップがあるのが当然です。しかし、少しでもありたい自分に近づくために、ギャップを埋める努力をすることそのものに意味があります。

　キャリアは自己成長の過程で次第に形成されていくものです。長い人生を展望しながら自己と向き合い、自分らしい生き方・働き方・学び方を設計することが求められます。『自分を育て磨くのは自分自身である』ことを意識しながら、自分らしいキャリアを形成するためにこのテキストを活用してください。

法政大学キャリアデザイン学部教授
宮城まり子

はじめに―読者の皆さんへ

　人生80年から90年の時代に突入したといわれる現代社会では、キャリアの棚卸しや将来の見立ては、幾つになっても何度でも繰り返し行う必要があります。生涯学習の時代ですから、学校・家庭・職場・地域などのあらゆる場面があなたのキャリアステージといえます。しかし、忙しい毎日の中で、じっくり自分と向き合って過去の出来事を思い返したり、将来の自分を思い描く機会がなかなか持てないのも現実だと思います。

　本書は人生の節目にある若者や一般学生、就活生、女性等の特定層に限定して書かれたものではなく、＜いつでも、どこでも、だれでも学べる＞キャリアデザインのためのテキストです。特に、大きな節目やスランプ状態でなくても、自覚的に自分のキャリアを築いていくためのヒント集になっています。55種類のさまざまなワークを通じて得た気づきを網羅的に紡ぎながら実際の行動に移す過程に力点を置いた実践的な内容になっています。

　本書で最も言いたいことは、人生をイキイキと過ごすために自分の個性や可能性を発揮できるかどうかはほんの少しの違いでしかなく、きちんと自己と対峙する機会を持ち、そこで得た「気づき」を日常生活のいろんな場面で意識することによって、自らのキャリアをいかようにも豊かに変えられるということです。

　本書が、キャリア教育現場において、皆さんが自覚的にキャリア形成を実現する一助となれば、これ以上の喜びはありません。

　　　　　　　　　　　　　　　著者　中嶌 剛

●目次

はじめに——3
本書の使い方——6
キャリアデザイン学習のウォーミングアップ——8

【Ⅰ．巡礼編：過去を振り返る】

第1章　自分に気づく————12
1—自分のルーツ探し　*12*
2—5段階欲求階層説　*14*
3—地元つながり　*16*
4—キャリアの身分証明書　*18*
5—3つの眼を鍛える　*20*
6—人生キャリアに対する投資額　*22*
7—わたしの取扱説明書　*24*
8—自分の解体新書　*26*
9—好きを好きにする　*28*
10—わたしの時間　*30*

第2章　自己キャリアを意識する————32
11—キャリアの虹　*32*
12—人生80年の時間　*34*
13—偶然は必然なり　*36*
14—人生の片道切符　*38*
15—そぎ落としていくキャリア　*40*
16—人生のお品書き　*42*
17—人生キャリアの道しるべ　*44*
18—わたし自身の履歴書　*46*
19—人生の手応え　*48*

【Ⅱ．気入編：現在を見つめ直す】

第3章　自分に立ち返る————52
20—ジョハリの窓　*52*
21—自分を客観視する　*54*
22—今の自分を位置付ける　*56*
23—わたしのルールブック　*58*
24—マイスタンダードを知る　*60*
25—自覚的な人生行路　*62*
26—人生キャリアのリセット　*64*
27—わたしの原点回帰　*66*

第4章　自己キャリアを認める―――――――――――――――68

- 28―イメージトレーニング―68
- 29―幸福度指標―70
- 30―キャリアの失敗学―72
- 31―自分を物語る―74
- 32―愛着ありきのキャリア形成―76
- 33―人生キャリアの散歩道―78
- 34―人生キャリアの分け前―80
- 35―キャリアの現実吟味―82
- 36―新ステージへの適応法―84
- 37―幸福のバッテリー―86

【Ⅲ．旅路編：将来へ一歩踏み出す】

第5章　自分と折り合う―――――――――――――――――90

- 38―エンプロイアビリティー　90
- 39―人生の恩返し　92
- 40―周囲への心配り　94
- 41―人生のカフェテリアプラン　96
- 42―習慣化する生き方　98
- 43―生きものがたり人生　100
- 44―人生の落とし前　102
- 45―人生キャリアの停留所　104
- 46―人生のスナップボタン　106

第6章　自己キャリアを育む―――――――――――――――108

- 47―とりあえず志向　108
- 48―生涯賃金の感覚的把握　110
- 49―彩る人生キャリア　112
- 50―キャリアの将来予見性　114
- 51―キャリアのシナリオ・ハンティング　116
- 52―キャリアの仕立てあげ―118
- 53―キャリア発進のスイッチ―120
- 54―人生の青信号―122
- 55―人生は真剣勝負！―124

索引一覧　《人名索引》　126
　　　　　《事項索引》　126

解答解説一覧　127

本文イラスト　柴田聖美

●本書の使い方──本書は、"自覚的なキャリア形成"を支援するための教材＆ワークブックですが、一貫してキャリア教育現場における若者の声やキャリアに関する理論的・実証的な研究成果がベースとなっています。こっそり心の聖地（＝"キャリアのパワースポット"）へおでかけするための55個のエッセンスとそれらを実社会で活用するための活用事例がセットになっています。とくに、ワークシートと実践事例を併用することで、得られた気づきを活かすためのフォローアップの部分が充実しているのも特色です。

　本書は、キャリアの指針を自己と対峙する中で育んでいただくことを目的として、大学・短期大学、高等学校、教育訓練機関などのキャリア教育関連科目のテキスト・サブノートとして、将来のことを考え始めた学生や若者の指南書として作成しました。加えて、人生の分岐点にある社会人の方、職場復帰を目指す女性の方、定年退職後のセカンドキャリアを考える方など、老若男女を問わず、誰でも、どのテーマからでも学習できるような構成になっています。

◆用語の解説
見開きのページでキーとなる用語について解説しています

◆「ひとことコラム」
この章を理解するうえで助けとなるコラムを紹介しています

◆STEP-1
ワークにトライしてみよう！
実際にワークを行って自分と向き合います

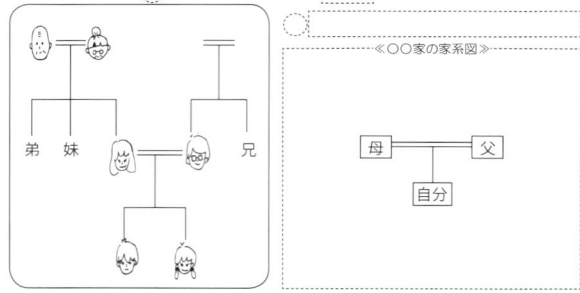

本書の構成は、見開き1頁で1テーマとし、テーマごとに「気づく」「意識する」「立ち返る」「認める」の四部からなります。まず、≪左頁≫の「STEP-1：ワークにトライしてみよう！」でさまざまな気づきを得て、「板書ノート」で理解を深めます。次に、≪右頁≫の「STEP-2」のキャリア理論や関連する事例を読んで理解しながら"過去"の自分を自覚します。さらに、「STEP-3：自己診断してみよう！」ではSTEP-1の振り返りをして"今"の自分を見つめ直します。また、「STEP-4：周囲に耳を傾けよう！」では、他人の考え方や生き方を知り、キャリア形成上のさまざまなケーススタディー（登場者）との心の対話を通じて、"過去のキャリアを通して将来を見通す自分なりの眼"を養います。もっと深く学習したいと思えるテーマを探索できた方は、「さらなる発展的学習のために」を参照してください。

　ぜひ本書を有効に活用して心の充電をしていただき、より積極的な人生設計のきっかけにしていただけることを願っています。

◆ STEP-2
背景にあるキャリア理論を学習します

◆ STEP-3
（　）の語群選びや……の書き込みをし、ワークやキャリア理論を振り返ることで自己理解を深めます＊Memo欄には感想やさまざまな気づきを自由に書き留めます

◆ STEP-4
他人の考え方や生き方を知り、さまざまなケーススタディー（登場者）と心の対話をします

◆ ポイント / 教訓
この章のまとめを心に留めながら、実際の生活の中で活かす方法を模索します

◆ さらなる発展的学習のために
知的好奇心の探求のために関連テーマの参考文献を紹介します

キャリアデザイン学習のウォーミングアップ
〜"キャリアのパワースポット"へようこそ〜

　本書を手に取られた読者の皆さんは、いまどのような立場や境遇にありますか？
まず最初に、いくつかの質問を投げかけてみたいと思います。

・これまで自分の人生やキャリアについて真剣に考えたことがありますか？
・あなたにとって人生とはどのようなものですか？
・そもそも「キャリア」とは何ですか？
・キャリアをデザインするとはどういうことですか？
・「キャリア」「キャリアデザイン」「キャリア教育」が広く使われるようになったのは何故ですか？

　これら5つの質問のすべてを即答できる人はそれほど多くないと思います。その理由は、個人の人生やキャリアというものは十人十色で予測不可能なものであり、キャリア形成における明確な正答はないからです。「なんとなく考えたことがある」「どこかで聞いたことがある」「だいたい○○だと思う」・・・つまり、どこか漠然としていて、日々の生活の中では必要に迫られない限りなんとなくやり過ごしてしまう場合がほとんどだからです。しかし、そのままの状況で流され続けて良いというわけではありません。かつての日本的雇用慣行（終身雇用・年功序列賃金・企業別労働組合）が崩壊した21世紀を生きる私たちにとって、キャリアの問題は全ての人が抱える問題であり、自分のこととして自覚すべき時代になってきたといえます。フリーター／ニート／学卒無業／ワーキング・プアなどの社会問題が叫ばれて久しい今日ですが、年長フリーター／高齢フリーター／ＳＮＥＰという新たな社会的弱者層の出現（潜在）は、リスクと隣り合わせで生き抜く自分なりの手立てを身につけることが一層重要な社会になってきていることを表しています。先行き不透明な時代を自分らしく生きることと言い換えることができるかもしれません。
　では、自らのキャリアを自分なりに築いていくためにはどうすればよいのでしょうか？再度、いくつかの質問をしたいと思います。

・自分らしさとは何ですか？
・自分らしい生き方とはどのような生き方ですか？
・自分らしいキャリアとはどのようなものですか？

　これら3つの質問のすべてについても即答できる人はそれほど多くないでしょう。その理由は、「自分らしさ」が抽象的なものであり、自分の価値観を自覚していない限り、曖昧な答えしか導き出せないからです。もちろん、他人から直接教わるものでもありません。

では、どうすれば良いのでしょうか？私は、意識的に立ち止まり、冷静に自分と対峙する機会を持つことをおススメします。自分自身に対する理解を少しずつ深めていくことです。もっと言えば、自分のことを許し、認めることだと思います。さらに欲を言えば、自分自身をもっと好きになることです。自分嫌いの人が自分らしい生き方を目指そうとは思わないはずです。人は誰でも、コンプレックスやかき消したい過去の1つや2つはあるものです。しかし、そうしたネガティブなものに引きずられるキャリアには、自らの力で切り拓く前向きな意識や姿勢は伴わないはずです。だからといって、日々、自分のキャリアについて思い巡らす必要があるとも思いません。人生の節目（入学・卒業・就職・結婚・出産・離転職・定年退職…）では自分を顧みる機会に恵まれることが多くなると思います。しかし、いつ何時、何が自分の身に降りかかるかもしれない日常のことを考えると、結局のところ、【日々を大切に生きること（＝Seize the day）】に集約されると思います。つまり、何気ない日常の中で、不意に訪れる「この世に産まれてきてよかったぁ」「いまを精一杯生きられているなぁ」「生きていれば良いこともあるんだなぁ」というささやかな実感の連続が希望や自信という形で表象化され、ある節目で振り返った時に自覚的にキャリアを形成してこられたと思えることになるのではないかと筆者は考えます。

　もう1つ、ここで読者の皆さんと確認をしておきたいことがあります。それは、このウォーミングアップの冒頭箇所で問いかけをした皆さんの立場や境遇に関連します。すなわち、自己との対峙は、立場や境遇は関係なく、幾つになっても、いつでも、何度でも繰り返し行えるのです。なぜなら、皆さん自身の"人生キャリア"という名のキャンバスは日々の生活や生き様そのものにより構成されるからです。大きなライフイベントや印象的な出来事ではなく、日常的に過ごしている毎日が長い人生キャリアの大部分を占めることになるのです。何の変哲もない"今"をどう過ごすかによって人生キャリア（全体）が大きく変わってくるのです。

　そうは言うものの、自分らしい生き方や自己実現といった堅苦しいことは一切気にせず、のんびりと過ごせることさえできればハッピーと考える人の生き方を非難したり、否定するつもりは毛頭ありません。自己分析をやったところで自分のことが理解できる保証もありませんし、ずっと分からないまま一生を終える人生になるかもしれません。分かるか分からないままかは結果論にすぎません。分かったと自分で思えたかどうかの問題です。

しかし、一度きりの人生なのですから、自分自身を考える素材にしながら、やってみる価値は十分にあるでしょう。そこまで神経質に深く考えなくても良いと思います。

"とりあえず動いてみる"

"とりあえずやってみる"

"とりあえず踏み出してみる"

"とりあえず○○○○○○"

こうした行動特性を筆者は【とりあえず志向（FTBO：for the time being orientation）】と命名し、長らく注目してきました。一連の若年勤労者等を対象とした学術調査研究では、「次のステップになる」という意味合いのとりあえず就業が将来ビジョンを思い描きやすくし、職業人生の道筋を可視化するために役立つことが明らかになってきています（拙稿：「とりあえず志向と初期キャリア形成 - 若手公務員への入職行動の分析」『日本労働研究雑誌』No.632、2013年所収）。こうした潜在意識と行動力の関係性に関する実証研究の結果は、肩肘を張らない自由な生き方を基本スタンスとしながらも、普段何気なく抱いている感情や潜在意識をやり過ごさない心のゆとりある生き方が大切であることを示しています。

　ここまで筆者が皆さんにこのワークブックを通じて学んでほしいことの大前提になる部分について述べてきました。最後に、本書のサブタイトルになっている"キャリアのパワースポット"について簡単に説明しておきます。あまり聞きなれない組合せ言葉かもしれません。筆者が考えるイメージに最も近い用語の定義を参照しておきましょう。

＊キャリアの定義：
「過去・現在・将来に渡り、継続的な、より深い自分自身への気づきを通して、自分らしさの発揮を、スキルの獲得と発揮・仕事やビジネス活動への参画・社会活動への参画、豊かに生きる活動の実践などを通して、能動的に行為する一連のプロセス」（花田光世）

＊パワースポットの定義：
「地球に点在する特別な場、エネルギースポット、気場」（ウィキペディア）

　つまり、それぞれを掛け合わせた「キャリア」×「パワースポット」からにじみ出てくるような感情や思いは筆者が本書を執筆する際の根底に常にあったものです。それは具現化しにくく一言で言い表せるものではないかもしれませんし、各個人で大事にしておければ問題のないことかもしれません。少なくとも、自己のキャリアは自分の自由にして良いものですし、「いつでも、誰でも、どこでも、何度でも」デザインして良いはずのものです。そうした試行錯誤もすべてキャリア形成の一環なのですから。

　さぁ、いよいよキャリアデザイン学習の始まりです。たった1冊のワークブックにすぎませんが、あなたの勇気・自己効力感・自己探求心・知的好奇心・・・のパワーメーターはどの程度上昇するでしょうか？
　では、"キャリアのパワースポット"へ出発進行！！

― I ―
巡礼編
過去を振り返る

これまで経験してきた出来事や記憶をたどることで過去の自分と対話をします

◆
第1章　自分に気づく
◆
第2章　自己キャリアを意識する
◆

1 ― 自分のルーツ探し

【用語の解説】 roots とは「その人の遺伝子的なふるさと」という意味です。たとえば、career（キャリア）のルーツは、carriage（馬車・乳母車）、carrier（運ぶ人、もの）であり馬車が通った後の跡形（轍）を人々が生きてきた経歴・職歴になぞらえてキャリアと呼びました。

毎年、12月12日（漢字の日）に京都・清水寺で発表される「今年の漢字」。その年の世相を表すものですが家族に関係する漢字が毎年上位にランクインしている。例えば、"絆"、"大（大家族）"、"力（家族の協力）"、"安（家内安全）"、"愛（兄弟愛）"、"輪（家族の輪）"……。もともと、血統や発祥を重んじる日本では、ルーツ探し・家系図作りがブームです。家系図は家の履歴書であり、一人一人皆に履歴がある。家族とのつながりを再確認する機会になっています。

STEP—1 ワークにトライしてみよう！

Q. 左の家系図の例を参考にして、自分の先祖の家系図を書いてみよう。
あわせて、家紋を ◯ 内に、名字の由来を ▭ 内に調べて書いてみよう。

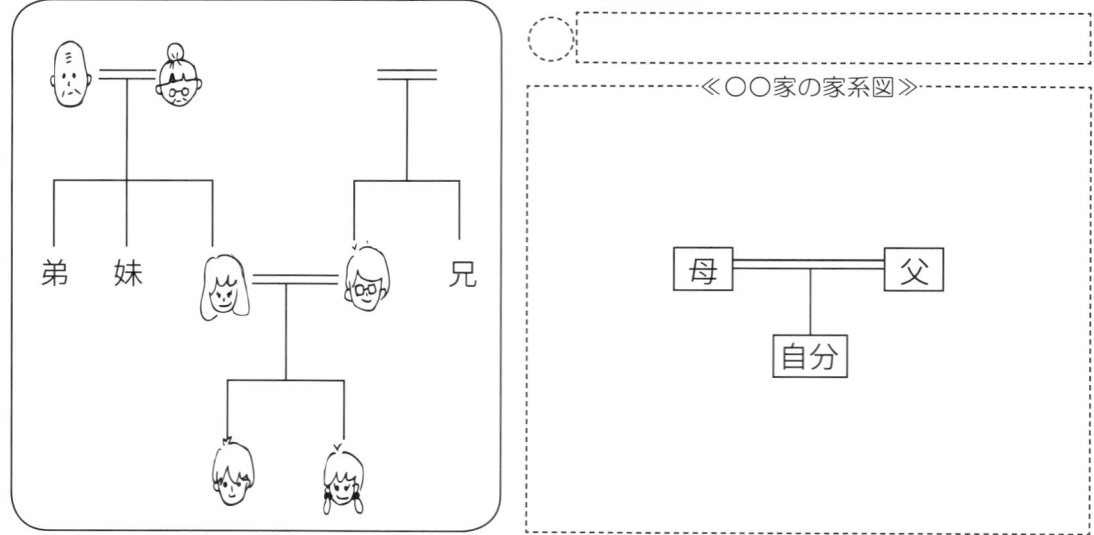

≪STEP-1の書き方≫家系図には、一系統家系図（父方のみ記載）と全系統家系図（父方母方の両方を記載）がありますが、ここでは前者で書いてみよう。夫婦の表記は二重線で、親子の関係は一本線で書きます。また、同世代は同じレベルに書き、子どもは右から左へ書いていきます。

≪板書説明≫ヒトを人間と呼ぶのはなぜでしょうか。日本の社会では、人は自分を取り巻く関係性の中で、自らのアイデンティティーを見つけていくところがあるといわれ、そのような考え方を「間人（かんじん）主義」と呼びます（木村敏 1972）。

● 第1章―自分に気づく

STEP-2 家系図の作成がブームに!!

家族とのつながりを再確認するかのように、「家系図」づくりに興味を持つ人が増えています。暮らしへの不安が高まり、人間関係の希薄化が指摘される中、よりどころを確かめたいという心理がかいま見えます。

費用は最低でも5万2500円。現地調査もする場合は36万7500円（祖父母のうち1系統、200年分）かかります。意外にも依頼者は若い世代が多く、「40代を中心に、次いで30代」と、子育て世代が目立つそうです。

出所：産経新聞（2009年8月25日号朝刊）

STEP-3 自己診断してみよう！　＊解答解説一覧127頁を参照

STEP-1で書いた家系図から、家族の絆について_____を感じる。実際に、第____親等くらいまでの人たちの顔は思い出すことができる。とくに、家族・親戚との間で思い出深い出来事は、_____との_____である。このルーツ探しで発見したことは_____である。

~Memo~

STEP-4 周囲に耳を傾けよう！

＊わが国では独自の文字を持たず、漢字によって自国の精神文化を伝えてきたのであるから、いまの漢字の正しい形・声・義を理解することは、我が国の精神・文化を継承させていく大変重要な基盤である。（中国古代文学研究者 白川静）

■ポイント/教訓

キャリアは過去からのパターンである

■さらなる発展的学習のための参考文献

＊『わが家のルーツが解る家系図を作ろう！』2014年、梛出版社
＊中嶌洋「ホームヘルプ事業の黎明としての原崎秀司の欧米社会福祉視察研修（1953～1954）」『社会福祉学』第52巻第3号、2011年、pp.28-39

2—5段階欲求階層説

【用語の解説】アメリカの心理学者 A. マズロー (1908-1970) の理論。人の「心の健康についての心理学」を研究し、最初に人間を学問の対象とする分野を切り拓き、人間の欲求を 5 つの次元で捉えました。ただし、環境への対応面に価値を置いた概念ではありません。

最近、「本当にやりたいことは何ですか？」「一生かけてやっていきたいことは何ですか？」のように、"やりたいこと探し"が社会や学校の至るところで問われる時代になってきました。しかし、そもそも本当にやりたいことがない人って、そんなにダメなのでしょうか？答えが見つかる保証などあるのでしょうか？

STEP—1　ワークにトライしてみよう！　*解答は 127 頁を参照

Q．つぎの、「イチロー作文」（卒業文集）を読み、（　）内に入る語句を考えてみよう！

『僕の夢』　　　　　鈴木一朗、小6、１２歳

　僕の夢は、一流のプロ野球選手になることです。そのためには、中学、高校と全国大会に出て、活躍しなければなりません。活躍できるようになるためには、練習が必要です。　僕は3才の時から練習を始めています。3才から7才までは半年くらいやっていましたが、3年生の時から今までは、365日中、（　　　　）日は激しい練習をやっています。だから、1週間中で友達と遊べる時間は、5〜6時間です。そんなに練習をやっているのだから、必ずプロ野球の選手になれると思います。

　そして、中学、高校と活躍して、高校を卒業してからプロに入団するつもりです。そして、その球団は、中日ドラゴンズか西武ライオンズです。ドラフト入団で、契約金は（　　　　）円以上が目標です。僕が自信のあるのは、投手か打撃です。去年の夏、僕たちは全国大会に行きました。そして、ほとんどの投手を見てきましたが、自分が大会No．1選手と確信でき、打撃では、県大会４試合のうち、ホームラン３本を打ちました。そして、全体を通した打率は５割８分３厘でした。このように、自分でも納得のいく成績でした。そして、僕たちは、1年間負け知らずで野球ができました。

　だから、この調子でこれからも頑張ります。　そして、僕が一流の選手なって試合に出られるようになったら、（　　　　　　　　　　）のも夢の一つです。とにかく、一番大きな夢は、プロ野球の選手になることです。

≪STEP-1の見方≫たかが小学生の卒業文集の作文と思ってはいけません。私たちは"将来のこと"や"夢"を考えるとき、どうしても漠然とした不確かなことを思い浮かべがちです。しかし、イチロー少年は具体的な数字を用いたり、２つ目の夢では他人（実在の人物）を巻き込んで書かれている分、現実味を帯びた内容になっています。このような短い文章からでも学べることは少なくありません。

≪板書説明≫ want は wil よりも緊急度の高い欲求・願望になりますが、望みの強さでは wish（切望・懇願）が強くなります。

STEP-2　マズローの欲求階層図

ピラミッド図（上から下へ）:
- 5　自己実現欲求　—　自己達成、生きがいなど
- 4　心理的欲求　—　尊厳・承認・顕示、支配、名誉など
- 3　所属・愛情欲求　—　所属、愛情、親和など
- 2　安全・安心欲求　—　危険・苦痛からの回避、健康など
- 1　生理的欲求　—　飢え・渇き、睡眠など

（高次元　↑　基礎的）

H.1943 Psychological Review, 50, pp370-396.

まず、図の形に注目しよう。マズローは「人の欲求」の5段階を、楕円形でも長方形でもなく、ピラミッド形で表現しました。これには、重要な意図があります。皆さんが小学校時代に体育の授業で使った"跳び箱"をイメージしてください。3段を飛べない人が4段を飛べるはずがありません。それと同じで、より低い段（低次の欲求）がクリアできなければ、さらに高い段に進む（高次元の欲求が満たされる）ことはないということを表しているのです。

≪補足説明≫スポーツに没頭したり、美しい情景に感動したり、自己実現に近い経験は誰でもできます。そうした経験をマズローは「ピーク経験」と言っています。さらに、晩年にはひたすら純粋に目標達成を目指す第6段階目として、"自己超越"を提唱しています。

STEP-3　自己診断してみよう！

私は_____として [3.所属・愛情欲求] を充足させ、_____を通じて、[4.心理的欲求] が満たされることを望んでいる。そして、ピーク経験として_____に集中できる私は、その延長として_____により、[5.自己実現欲求] を満たしていきたい。

~Memo~

STEP-4　周囲に耳を傾けよう！

* 自分のビジョンと夢を大切に育みなさい。それらはあなたの魂の子であり、最終的な達成の設計図なのだから（成功哲学の第一人者 ナポレオン・ヒル）
* 夢を夢で終わらせない（日本プロボクシング協会会長、元世界王者 大橋秀行）
* 夢はでっかく根はふかく（書家 相田みつを）

■ ポイント / 教訓

自分の欲求や価値観に素直になる

■ さらなる発展的学習のための参考文献

* 香山リカ『若者のホンネ―平成生まれは何を考えているのか』2012年、朝日新聞出版
* 玄田有史『仕事の中の曖昧な不安―揺れる若者の現在』2005年、中央公論新社
* A.H.マズロー著／小口忠彦訳『改訂新版 人間性の心理学』1987年、産業能率大学出版部

I—巡礼編：過去を振り返る

3—地元つながり

【用語の解説】「地元志向」の3類型：①地元定住志向（地元進学・地元就職を含む）、②地元消費志向（消費や娯楽を地元で楽しむ）、③地元好き（出所：三浦2010）

NHK連続TV小説『あまちゃん』にも登場するユニット"GMT47"。ふるさと納税で震災支援という選択をする人。地元に住んでいる人もそうでない人も、自分と自分の地元とを結びつけるものについてじっくりと考えてみたことはありますか？

STEP—1　ワークにトライしてみよう！

Q．自分（いまの私）が感じる「地元への愛着」や「自分と地元との関わり」について、思いつくワードをつなぎ地図の形で、イメージマップで表してみよう！（10分程度）
（*中心から枝分かれするツリーの形で、関連語はさらにその先に繋げる要領で自由自在に広げていく。□には語句が入るが、枝も追加する。）

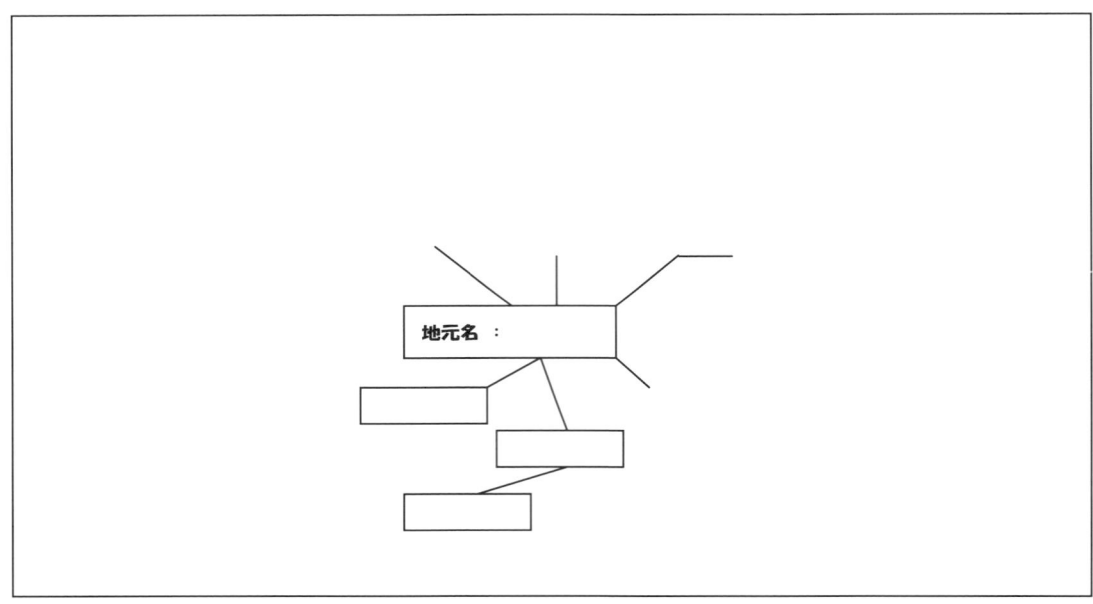

≪STEP-1の見方≫　ヒト・もの・経済面・情報等のどの分類に関係する語句が多くあがりましたか？たとえば、分類ごとに色分けしてみると、語句の頻出度からどういった面で地元とのつながりが強いのかが見えてくるはずです。

≪板書説明≫　第1象限は経済的なメリットと存在論的なメリットの両方を享受できる地元安定就職の典型例です。地元優良企業や公務員や教職希望が挙げられます。第2象限は自分の価値観を共有できる人間関係を大切にするタイプで地場産業（自営業）やNPO法人が一例です。しかし、両軸共にネガティブな第3象限は地元に戻らざるを得なかった何らかの事情があり地元（実家）がセーフティネットになっている点で他の3つと異なります（参照：轡田2011,187頁）。

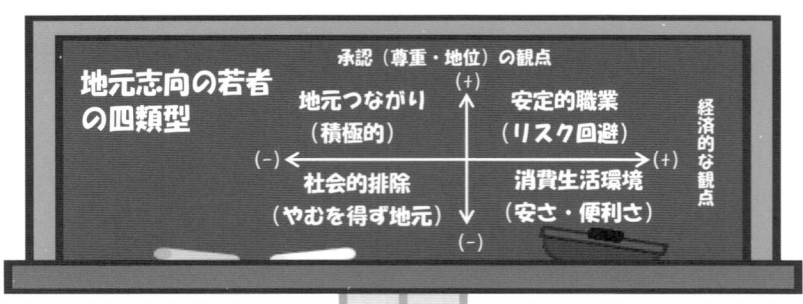

●第1章―自分に気づく

STEP—2　地元愛着と就業満足度の関係

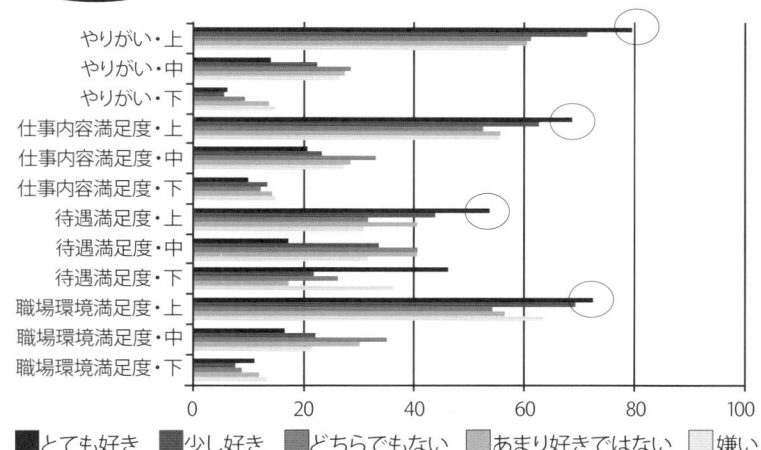

■とても好き　■少し好き　■どちらでもない　■あまり好きではない　■嫌い

注：単純クロス集計（N＝1,618；地元志向の地方公務員）。出所：中嶌（2012）25頁。

左図より、地元志向者の中でも、地元への愛着が強い（＝「とても好き」）を選んだ人ほど、仕事のやりがいや満足度が高くなることが見てとれます。同調査では、地元嫌い（愛着なし）の人ほど将来の見通しを持ちづらいことも統計的に明かになっています。つまり、明確な就業目的や地元への愛着がキャリア形成に強い影響を与える結果を表しています。

≪補足説明≫ "地元つながり文化"の研究として、首都圏でストリートダンスに興じるフリーターの若者へのインタビュー調査を行った新谷（2007）は、時間感覚、金銭感覚の他に、「場所の共有」を大きな特徴に挙げています。

STEP—3　自己診断してみよう！

　小さい頃、自宅近くに秘密基地や隠れスポットがあった!?　STEP-1より、私は地元の＿＿＿＿＿が（好き・嫌い）である。地元の知人では＿＿＿＿＿の名前が真っ先に思い浮かぶ。この先、＿＿＿＿＿により、地元と繋がって生きていきたい。

～Memo～

STEP—4　周囲に耳を傾けよう！

　米国の社会学者、グラノヴェターが1970年に米国社会のネットワークに注目した調査研究において、家族や同僚のような強い絆ではなく、もっと弱いネットワークから得た情報で転職した人の満足度の方が高いという結果が得られました（the strength of weak ties―弱い紐帯の強み）。たとえば、小学校時代の担任の先生や転校してしまった友達等との関係が弱い絆と考えられますが、**緩いと思える繋がりがむしろ人生に大きな転機をもたらす可能性**を示しています。

■ポイント/教訓

地元や地縁は一生の財産である

■さらなる発展的学習のための参考文献

＊吉野源三郎『君たちはどう生きるか』1982年、岩波書店
＊三浦展『ニッポン若者論―よさこい、キャバクラ、地元志向』2010年、筑摩書房

I―巡礼編：過去を振り返る

4―キャリアの身分証明書

【用語の解説】キャリアアイデンティティ（career identity）とは、所属する会社組織に頼らず自律して良い仕事を行っていくための「自分らしさ」のことです。personhood（自分らしさ；心理学用語）とは、日々をイキイキと生きることを意味します。

　皆さんは、いま身分証明書の提示を求められたとき何を差し出しますか？社会人の方は運転免許証、社員証、保険証かもしれませんし、学生の方は学生証かもしれません。しかし、それは現時点で所属・肩書きにすぎませんね。では、「あなたの人生キャリアにおける身分証明書を見せてください」と言われたなら、何を差し出しますか？

STEP―1　ワークにトライしてみよう！

Q．つぎの記入例を参考に、名刺フォーム（表面・裏面）を記入し、「自分の人生キャリアにおける身分証明書」を自由に作成してみよう！（15分程度）
＊現職にこだわる必要はありません。「こうありたい」という希望・願望を盛り込んでも構いません。

≪記入例≫

```
千葉経済大学経済学部
キャリアデザインゼミ

　　　　　なかしま　　つよし
　　教員　中嶌　　剛

〒000―000　千葉県○○市○○町001―2―3
　　　　　e-mail:012345@cku.ac.jp
```

```
自分の強み・モットー・人生の方針
○○○○○○○○○○○○○○○○○○○○
○○○○○○○○○○○○○○○○○○○○
○○○○○○○

座右の銘
「百錬自得」
```

【表面】

【裏面】

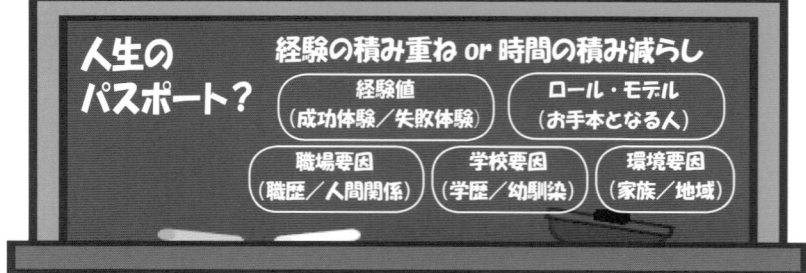

≪板書説明≫民間の個人年金や財産形成は積み重ねであり、ローン返済は積み減らしになります。高橋俊介教授は、一生涯をかけて積み上げていくには無理があり、むしろ、経験は繋げていくものだと主張しています。

● 第1章—自分に気づく

STEP-2　JILPT『若年者の離職理由と職場定着に関する調査』(2006)

◎前職入社当時での仕事上の質問ができる上司・同僚の有無＜前職のメンターの有無別＞

◎前職の職場が「人を育てる雰囲気がないについての認識＜前職の就業形態・メンターの有無別＞

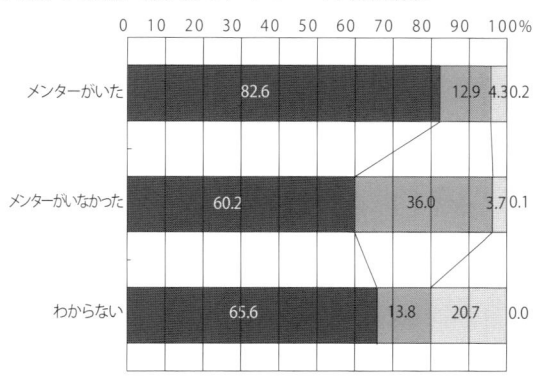

	そう思う	どちらともいえない	そう思わない	無回答
【正社員】				
メンターがいた（n=1054）	50.9	21.4	27.5	0.2
メンターがいなかった（n=808）	80.5	9.9	9.5	0.2
【非正社員】				
メンターがいた（n=635）	45.0	20.2	34.2	0.6
メンターがいなかった（n=438）	68.2	13.5	18.1	0.2
【非正社員の内訳】【パート・アルバイト】				
メンターがいた（n=289）	41.2	18.3	39.5	1.0
メンターがいなかった（n=197）	66.0	11.7	22.4	0.0
【パート・アルバイトを除く非正社員】				
メンターがいた（n=346）	48.3	21.7	29.8	0.3
メンターがいなかった（n=241）	70.1	14.9	14.6	0.4

※ここでの、「そう思う」は「そう思う」+「ややそう思う」の合計。「そう思わない」は「そう思わない」+「ややそう思わない」の合計のこと。

　上図は労働政策研究・研修機構が2006年9〜11月にかけて全国の公共職業安定所32所の求職者3,477人に対して行った調査の結果です。左図より、メンター制度がある会社ほど上司や先輩に恵まれやすいと考えられます。右図からも人を育てる雰囲気がないことにメンター（助言者）の不在が関係してくることがわかります。出所：『Business Labor trend』(2007) 7頁

STEP-3　自己診断してみよう！

　人生とは（ 経験の積み重ね・時間の積み減らし ）だと思う。その理由は_____である。STEP-1より、ありたい自分は_____である。そのために最も重要な鍵を握るメンターの1人は_____でお世話になった_____さんである。

〜Memo〜

STEP-4　周囲に耳を傾けよう！

＊働くとは、はた（傍）・らく（楽）と書ける。つまり、傍らにいる人間が楽になる（田坂広志）
＊メンター＝「師」の語源は、古代ギリシャの叙事詩「オデッセイア」に登場するメントールであり、彼はオデッセウス王の親友であり、王が遠征している間、息子テレマコスの良き支援者・理解者となり、帝王学を教示したとされる。

■ポイント／教訓

ロール・モデル探しは生き方探しである

■さらなる発展的学習のための参考文献

＊玄田有史『孤立無業（SNEP）』2013年、日本経済新聞社
＊熊沢誠『若者が働くとき—「使い捨てられ」も「燃えつき」もせず』2006年、ミネルヴァ書房
＊PIサポート研究会『PIを理解すれば時代の面白さが見えてくる』1987年、PHP研究所

Ⅰ―巡礼編：過去を振り返る

5 ― 3つの眼を鍛える

【用語の解説】「3つの眼」とは、①空の上から俯瞰し全体を把握する視点は「鳥の眼」であり、②現場においていろんな角度から体験的に見ていく視点は「虫の眼」であり、③世の中の流れを敏感に察知したり、将来を予見する時間的・空間的な長期的視点は「魚の眼」になります。

通常、大学生の就職活動準備の初期段階には自己分析を行います。それは、その後に続く業界研究・企業研究での自分の適性と企業とのマッチングにおいて大変重要になります。

大学2～3年生の多くは、「志望動機」以外に、「自己PR」「長所/短所（とくに、長所）」の作成で手を焼くことがあります。そこで初めて、自分自身のことを案外理解できていないことを痛感するのが実態です。周りの友人や家族に自分がどんなタイプの人間かを聞いてみよう。

採用人事側（面接官）の眼も意識しなければ内定の獲得は難しいといえるでしょう。

STEP―1　ワークにトライしてみよう！　＊解答解は127頁を参照

Q. 以下の2つの絵が何であるかを考えてみよう。（1～2分程度）

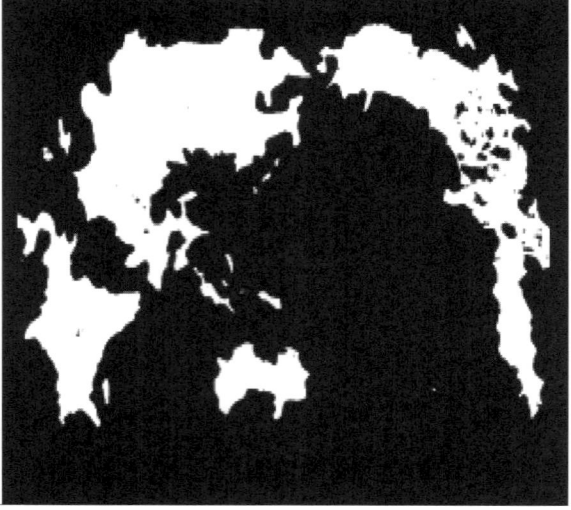

≪板書説明≫キャリア・ミストとは将来に霧がかかって先を見通せない状態を言います。高橋俊介教授は、目に見える1/3はバイアスが強く、目に見えるものだけでの判断は危険であると指摘しています。つまり、2/3 は目に見えないもの、自覚できないものだとすると、先のことは誰にも分からないという解釈もできます。

●第1章─自分に気づく

STEP─2　メタ認知（もう一人の自分の存在を知る）

メタ（高次の）認知とは、「もう一人の自分で自分を客観的にみる」心理学的手法のことです。たとえば、「知っていることを知っている」という知覚能力になります。この習慣づけにより、自分自身の得意分野や弱点や感情状態を把握しておくことは、周囲とうまくいかなかったり仕事に行き詰まったときに大切になります。

≪補足説明≫ H.B. ジェラット博士によれば、人の判断や意思決定は限られた情報の中で行われるものであり、主観的になりがちであるため、周囲だけでなく自分の目標をも疑ってかかることの重要性を説いています。

STEP─3　自己診断してみよう！

　ものごとを複眼的視点でみることは重要であることはわかったが、これまでの自分は（ 鳥の眼・虫の眼・魚の眼 ）でものごとを見ることが多かったように思う。また、自分とは、一番理解しているようで、実は一番理解できていない存在なのかもしれない。
STEP-2 より、もう1人の自分は＿＿＿＿＿＿＿＿＿＿な人間なのではないかと思った。その理由は＿＿＿＿＿＿＿＿＿＿である。

～Memo～

STEP─4　周囲に耳を傾けよう！

＊君の眼を内に向けよ、しからば君の心のなかにはまだ発見されなかった一千の地域を見出すであろう（ソロー『森の生活』岩波書店）
＊ナーシシズム（自己中心性・自惚れ）から脱却するためには、人は自分のことをどう思っているのか、人の目で絶えず自分を見ていけるようにすることが大事です（カウンセリング心理学者　國分康孝）

■ポイント／教訓

> 外観よりも内面を見通す眼を養う

■さらなる発展的学習のための参考文献

＊宮城まり子『成功をつかむための自己分析』2007年、河出書房新社

I—巡礼編：過去を振り返る

6―人生キャリアに対する投資額

【用語の解説】＜経済学用語＞機会費用（opportunity cost）とは、ある行動を行うことにより、その行動をしている間に別の行動を行っていればできたであろうこと（そこで得られたであろう最大の価値）を指します。例えば、お金と時間がかかる大学進学やWスクールも将来への自己投資です。

　同じ金でもアセ水たらして得た金ならば、そうたやすく使えない。使うにしても真剣である。慎重である。だから金の値打ちがそのまま光る。金は天下のまわりもの。自分の金といっても、たまたまその時、自分が持っているというだけで所詮は天下国家の金である。その金を値打ちなしに使うということは、いわば国家の財宝を意義なく失ったに等しい。金の値打ちを生かして使うということは、国家社会にたいするおたがい社会人の一つの大きな責任である。義務である。そのためには、金はやはり自分のアセ水たらして、自分の働きでもうけねばならぬ。自分のヒタイにアセがにじみ出ていないような金は、もらってはならぬ。借りてはならぬ。個人の生活然り。事業の経営然り。

(松下幸之助『道をひらく』1968年、pp.186-187、PHP研究所)

STEP―1　ワークにトライしてみよう！

Q. これまでのあなたの人生を振り返り、一番大きな投資（金銭面・金銭以外の面）は何でしたか？その投資はそれぞれ金銭換算でいくらくらいでしたか？また、その結果どうなりましたか。（20分程度）

	人生最大の投資	結果の状況
金銭面での投資	（投資額：　　　　　　円）	
金銭面以外での投資	（投資額：　　　　　　円）	

2つの投資に対する期待効用
期待効用 (EU) ＝ $\alpha U_A + \beta U_B$
U_A：金銭面の投資から得られる効用　　α：Aが実現する確率
U_B：金銭以外の投資から得られる効用　β：Bが実現する確率

≪板書説明≫ある行動の結果が吉と出るか凶と出るかが不確実な状況において、経済主体は「結果に関する満足度の合計」である期待効用を合理的な判断基準と考えます。

●第1章—自分に気づく

STEP-2　期待収益についての必要条件／十分条件

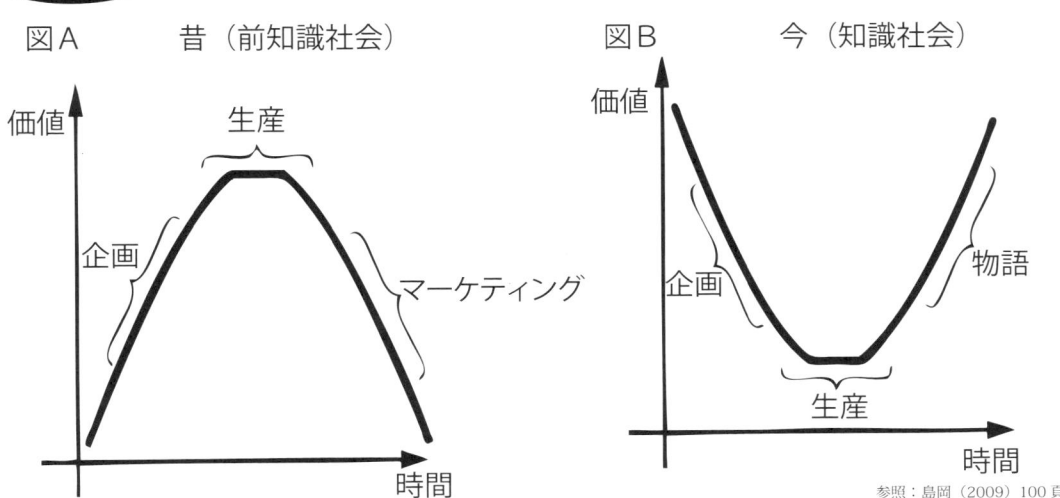

参照：島岡（2009）100頁

　皆さんもご承知の通り、いまや良い商品が必ずしも売れるという時代ではありません。つまり、良い商品をつくることは必要条件であって十分条件ではないのです。図Aのような、かつて重要視された生産工程は自動化、アウトソーシングに取って代わり、いまや、アイディアを出す発案力や成果物を発信するPR力（コミュニケーション力）が価値を持つ時代になってきています（図B）。

　これをキャリア形成に置き換えてみると、「何を成し遂げたか」という結果や成果よりも、「どのように頑張ってきたか（生きてきたか）」という"自分なりの意味付け"が大切になると考えることができます。

STEP-3　自己診断してみよう！

STEP-1では人生における投資を2側面から振り返ったが、今では（金銭的投資・金銭以外での投資）の方が自分にとって大きな意味があったと感じている。その理由は＿＿＿＿＿＿＿＿＿＿＿＿＿＿＿＿＿＿
＿＿＿＿＿＿＿＿＿＿＿＿＿＿＿＿＿＿＿＿＿＿＿＿＿＿＿＿＿＿＿＿＿＿＿＿＿＿である。

～Memo～

STEP-4　周囲に耳を傾けよう！

＊運の良い人々とは、強い信念を維持し、数々の犠牲を払い、粘り強い努力を続けてきた人々である（作家 ジェームズ・アレン）
＊道はじぶんでつくる。道は自分でひらく。人のつくったものは自分の道にはならない（書家 相田みつを）

■ポイント／教訓

> キャリアの投資に対する成果は自分の意味づけ次第である

■さらなる発展的学習のための参考文献

＊西内啓『統計学が最強の学問である』2013年、ダイヤモンド社
＊出口治明『［図解］仕事が速くなる！　生産性が上がる！　最強の働き方』2017年、PHP研究所

7―わたしの取扱説明書

【用語の解説】ピーターの法則（peter principle）：能力主義の階層社会では、人はこれ以上は無能とみなされるレベルまで昇進しその地位に落ち着くため、やがて組織は無能な人々の集団になるというものです。大きな失敗を防ぐために己を知り無能レベルの手前で踏み止まる勇気も必要です。

戦いはまず敵を知ることから始めよ、とはよくいわれることである。しかし、敵を知る前に、本当はもっと大事なことが"己を知る"ということである。敵を知ることも難しいけれども、己を知るということはもっと難しい。しかし、己を知らなければ、勝敗は定まらないとしても、己を知らなかったら、戦いには必ず敗れる。連戦連敗、その敗因はわが身にありである。世事万般（せじばんぱん）これと全く同じことがいえると思う。
（松下幸之助『道をひらく』1968年、pp.206-207、PHP研究所）

STEP―1　ワークにトライしてみよう！

Q．以下の9つのジャンルの「内容」欄をまとめた上で、普段どの程度意識しているかを「強い＝2点」「ふつう＝1点」「弱い＝0点」で「得点」欄に記入し合計得点を計算しよう。（10分）

ジャンル	例	内容	得点
例：性格	頑固一徹	負けず嫌いで自分を貫くところがある	2
A: 属性	名前、性別、血液型、誕生日、年齢、出身、兄弟姉妹の有無		
B: 身体的特徴	身長、体型、髪の色		
C: 性格	積極的な、気が小さい、のんきな、恥ずかしがり屋		
D: 信念	ポリシー、思い、モットー		
E: 望み、関心	好きなもの、嫌いなもの		
F: 将来、希望	願望、要望、夢		
G: 役割	学生、子ども、兄弟姉妹、所属しているところ		
H: 対人関係	人づきあい、友達のこと		
I: 所有	宝物、コレクション		
		合計得点（縦計）	

自分のコアコンピタンス？
見つけ方①他人より目立つ点
見つけ方②他人に認められている点
見つけ方③自分でも認めている点

≪板書説明≫ G.ハメルとC.K.プラハラードによると、コアコンピタンスを「競合他社に真似できない核となる能力」と定義づけています。見つけ方①→②→③の順に考えてみましょう。

●第1章—自分に気づく

STEP-2　自分を位置付ける！

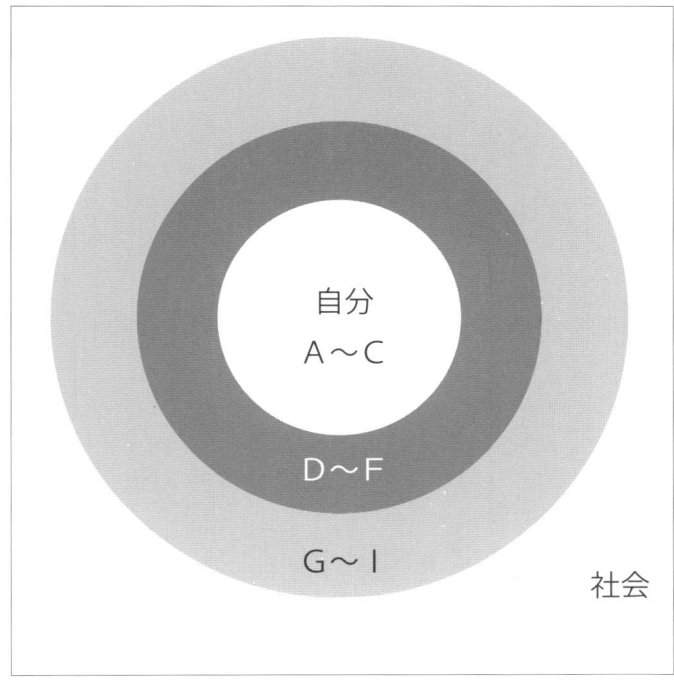

STEP-1の内容欄で挙げられている事柄はあなたが見ている「いまの自分」です。特に関心があり、強く意識しているのは左図のどの領域でしたか。内円付近の自分中心の人もいれば社会（外周）に近くなるほど高得点だった社交的な人もいたはずです。また、ひとつの内容欄でも始めに書かれた事柄は関心が強いものになります。そうした部分を日頃から意識しながら育んでいけば、やがて自分のコアコンピタンスになるかもしれません。

自分が書いたことや書いていて思ったことをグループワークで話し合うことにより、多くの気づきが得られるはずです。

STEP-3　自己診断してみよう！

STEP-1で行ったワークの結果を振り返ると、STEP-2の図から自分の関心や特徴は社会との距離が（　近いところ・中くらい・遠いところ　）に強くあらわれた。
　　その理由は_____が考えられる。自分と社会を最も強く繋げているものは_____である。

～Memo～

STEP-4　周囲に耳を傾けよう！

＊彼を知り己を知らば百戦殆（あや）うからず（孫子）
＊愚者は己を賢いと思うが、賢者は己が愚かなことを知っている（シェークスピア）
＊人に勝つより己に勝て（柔道家　嘉納治五郎）

■ポイント/教訓

自分を知る作業は一生涯をかけて行うものである

■さらなる発展的学習のための参考文献

＊ローレンス・J・ピーター／レイモンド・ハル著　渡辺伸也翻訳『ピーターの法則―創造的無能のすすめ』2003年、ダイヤモンド社

8—自分の解体新書

【用語の解説】アメリカの精神分析医であるE.バーンにより開発された交流分析（Transactional Analysis; TA）は、本来の自分の持ち味に気づくことで社会や会社のあらゆる場面で発揮することを目指すためのツールとして用いられるエゴグラム。cf. エニアグラム：自己認識のための性格分析（コーチング）

21世紀は心の時代と言われ、経済的な豊かさ以上に心が豊かであることが求められる時代です。"自信"という言葉は「自分を信じる」と書きます。自分を信じるには2通りの方法があるといわれます。一つ目は、念じて自分自身に言い聞かせる方法です。二つ目は、日頃から努力を重ねて本心から大丈夫だと思えることです。前者は比較的簡単にできる反面、自信をなくすことも簡単で、その場しのぎになりがちです。一方、後者はこれまで自分が行ってきたことの結果として出てくる自信なので、そう簡単に自信をなくすことはないでしょう。今の自分も過去の自分の経験の積み重ねですから、自分に正直に生きていきたいものです。

STEP-1　ワークにトライしてみよう！

Q. つぎの質問（CP・NP・A・FC・AC）に答えた上で、右下のエゴグラム表に従って、各項目を数値化し、折れ線で表してみよう。（10〜15分程度）

以下の質問に、はい（○）、どちらでもない（△）、いいえ（×）でお答えください。ただし、できるだけ○か×で答えてください。

CP（合計　点）
1. 間違ったことに対して、間違いだという
2. 時間を守らないことは嫌い
3. 規則やルールを守る
4. 人や自分をとがめます
5. "〜すべきである" "〜ねばならない" と思う
6. 決めたことは最後まで守らないと気がすまない
7. 借りたお金を期限までに返さないと気になる
8. 約束を破ることはない
9. 不正なことには妥協しない
10. 無責任な人を見ると許せない

A（合計　点）
1. 何でも、何が中心問題か考え直す
2. 物事を分析して、事実に基づいて考える
3. "なぜ" そうなのか理由を検討する
4. 情緒的というより理論的
5. 新聞の社会面などには関心がある
6. 結末を予想して、準備する
7. 物事を冷静に判断する
8. 分らない時はわかるまで追求する
9. 仕事や生活の予定を記録する
10. 他の人ならどうするだろうかと客観視する

AC（合計　点）
1. 間違ったことに対して、間違いだという
2. 人前に出るより、後ろに引っ込んでしまう
3. よく後悔する
4. 相手の顔色をうかがう
5. 不愉快なことがあっても口に出さず、抑える
6. 人に良く思われようと振る舞う
7. 協調性がある
8. 遠慮がち
9. 周囲の人の意見にふりまわされる
10. 自分が悪くもないのに、すぐ謝る

NP（合計　点）
1. 思いやりがある
2. 人をほめるのが上手
3. 人の話をよく聞いてあげる
4. 人の気持ちを考える
5. ちょっとした贈り物でもしたいほう
6. 人の失敗には寛大
7. 世話好き
8. 自分から温かく挨拶する
9. 困っている人を見ると何とかしてあげる
10. 子どもや目下の人を可愛がる

FC（合計　点）
1. してみたいことがいっぱいある
2. 気分転換が上手
3. よく笑う
4. 好奇心が強い方
5. 物事を明るく考える
6. 茶目っ気がある
7. 新しいことが好き
8. 将来の夢や楽しいことを空想するのが好き
9. 趣味が豊
10. "すごい" "わぁー" "へえー" などの感嘆詞を使う

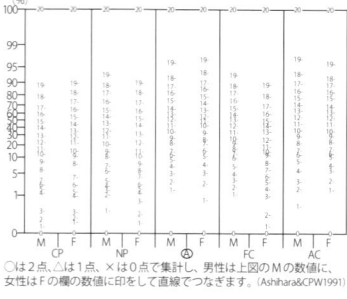

○は2点、△は1点、×は0点で集計し、男性は上図のMの数値に、女性はFの欄の数値に印をして直線でつなぎます。　（Ashihara&CPW1991）

≪板書説明≫人の心は二者択一で説明できるほど単純なものではありません。裏を返せば、他人のことを決めてかかるのは良くないということになります。他人と区別して意識される自分のことを自我といいます。

●第1章―自分に気づく

STEP-2　自我の構造

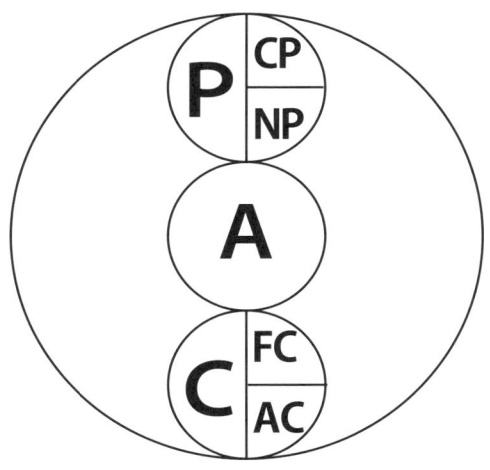

　人の心の状態はParent（親の心）、Adult（親の心）、Child（子供の心）の3つのパーツに分けられます（左図の3つの太円）。さらに、親の心（P）は、頭ごなしに叱りとばすような批判的で厳格な父親（CP）と思いやりのある養育的な優しい母親（NP）に分けられます。また、子供の心は、率直に自己主張をする自由で元気な子供（FC）と自己抑制ができる大人の言うことをきく子供（AC）に細分化されます。Aは合理的な大人の心になります。つまり、人間の心を5つに分けて考えます。
　心の状態は常に変わっていくものです。重要なことは今の心の状態を知ることであり、こうした交流分析の手法は心の歪みや状態を変えていくための第一歩にもなるでしょう。

STEP-3　自己診断してみよう！　＊解答解説一覧127頁を参照

　STEP-1の自分のエゴグラムパターンから（ CP・NP・A・FC・AC ）が最も高く、全体的に（ 上・中・下 ）に位置していることから、心的エネルギー状態が（ 高・中・低 ）ことがわかった。また、上下差は（ 大きい・小さい ）方だった。形状については（ N型・逆N型・M型・V型・W型・不明 ）が一番近かった。

```
～Memo～



```

≪補足説明≫出っ張りが上（下）であるほど自我状態が高い（低い）ことを表し、折れ線全体が上半分（下半分）に位置する場合には心のエネルギーが高い（低い）ことを表します。また、自我状態は上下差としても表れます。「高い＝良い」「低い＝悪い」と一面的に捉えるのではなく、それぞれに（＋）（－）の両面を併せ持つ点に注意しよう。

STEP-4　周囲に耳を傾けよう！

＊信念は人を強くする。疑いは活力を麻痺させる。信念は力である（フレデリック・ロバートソン）
＊人は心が愉快であれば終日歩んでも倦（う）むことはないが、心に憂いがあれば、僅（わず）か一里でも倦む。
　人生の行路もこれと同様で、人は常に明るく愉快な心をもって人生の行路を歩まねばならぬ（シェークスピア）
＊他者は鏡である（小林秀雄）

■ポイント／教訓

己を分かることは自らを「分ける」ところから始まる

■さらなる発展的学習のための参考文献

＊外山滋比古『思考の整理学』1986年、筑摩書房
＊宮城まり子『「聴く」技術が人間関係を決める』2015年、永岡書店

I─巡礼編：過去を振り返る

9─好きを好きにする

【用語の解説】 D. スーパーの定義によれば、職業適合性（vocational fitness）とは、能力（ability）と個性・性格（personality）にわけられます。前者は持って生まれた「才能」と学習により習得できる「技能」に分かれ、後者には「価値観・適応力・興味／関心」などが含まれます。

個々人が好き勝手に振舞えば組織は回りません。かつて、日本企業を支えてきたのは、社員の高い会社への忠誠心でした。会社への忠誠心研究では、社員の会社への帰属意識が企業業績に与える影響が焦点となり、①組織コミットメント（会社へのこだわり）、②心理的契約（会社からの期待）、③エンゲージメント（相思相愛）の3つのアプローチがあります。

STEP─1　ワークにトライしてみよう！

Q．次のマトリックス（4次元）のうち、自分の目指す職業キャリアがどの次元に入るかを考えてみましょう。（5分程度）

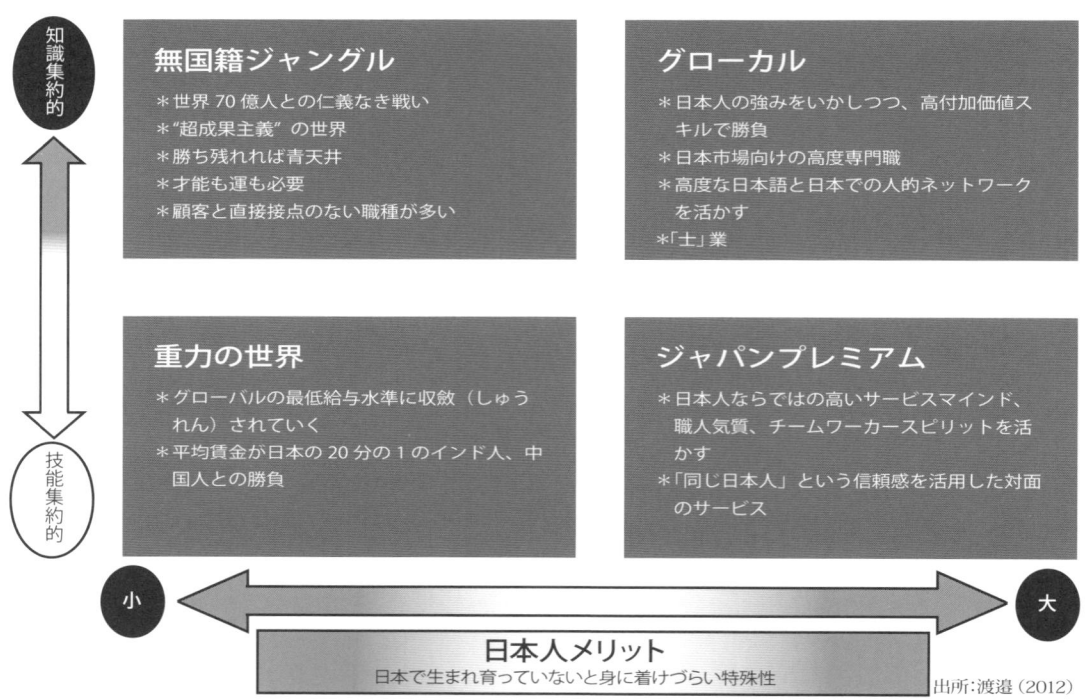

出所：渡邉（2012）

≪板書説明≫長い人生において不変のものに注目してみましょう。ここでの動機とは、達成欲等の「上昇系動機」、社交欲・主張欲のような「人間関係系動機」、自己裁量のような「プロセス系動機」に分けられます。
（金井・高橋 2005年、69頁）

STEP—2 若手新入社員の仕事に対する意識

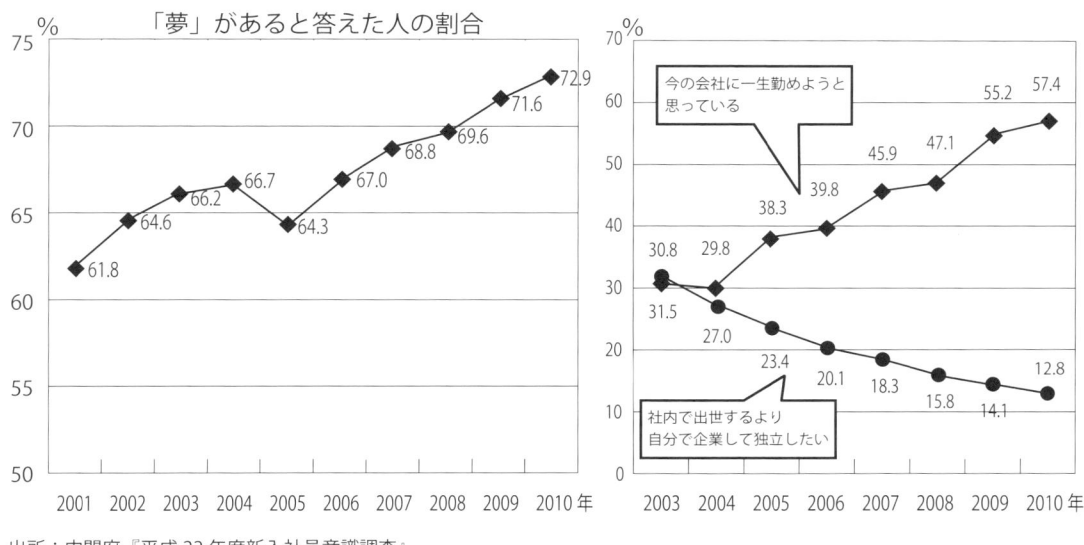

出所：内閣府『平成22年度新入社員意識調査』

　7割の若者は仕事でかなえたい夢を持って就職し（左図）、終身雇用を求める率も5割を超えています（右図）。にもかかわらず、若年労働市場における「七・五・三」現象、つまり、大卒者の入社後3年以内の離職率が3割から下がっていないのが現状です。得意なものを簡単に好きなものとせずに、働き方として自分にしっくりとくるもの、あるいは、「好きを」ではなく「好きに」仕事をするための方策を考えてみよう。

STEP—3 自己診断してみよう！

　STEP-1を振り返ると、私自身は（ 無国籍ジャングル・グローカル・重力の世界・ジャパンプレミアム ）に関心が高いことがわかった。
　その理由は（ 能力面・個性／性格面 ）が_____だからだ。
今後の職業キャリアでは_____
_____を実行していきたい。

～Memo～

STEP—4 周囲に耳を傾けよう！

＊大学は職業のための訓練学校になりつつある。それは＜教養＞といったことにまったく無関心の全権主義者たちによって要請されている（バートランド・ラッセル『教育について』）。

■ポイント／教訓

好きを仕事にできなくても好きに働くことは可能である

■さらなる発展的学習のための参考文献

＊渡邉正裕『10年後に食える仕事、食えない仕事』2012年、東洋経済新報社

I―巡礼編：過去を振り返る

10―わたしの時間

【用語の解説】 "ワーク・ライフ・バランス（WLB：仕事と生活の調和）。S. ハンセンは "ワーク・ファミリー・バランス" という言葉を使って「仕事」と「家庭」の調和（ハーモニー）を強調しています。cf. ディーセント・ワーク（働きがいのある人間らしい仕事）

出産を機に仕事を止めるとキャリアがリセットされ、その後の正社員復帰も難しいのが現実です。出産を機に仕事を減らす代わりに用意された、キャリアと無縁のコースをマミートラック（母親コース）と呼びます。一方、家事・育児などの無償労働は年 138 兆円上り、GDP の約 3 割に相当します（内閣府の推計）。また、無償労働の約 8 割を女性が占めているのが現状です。

STEP―1 ワークにトライしてみよう！

Q. この 3 日間の "セルフ・タイムテーブル（＝自己投資のための時間割）" を作り、自分の時間をどれだけ大切にできているかを振り返ってみよう。（15～20 分程度）

【セルフ・タイムテーブルの作成】＊「A」有効に使えた、「B」時間を潰せた「C」無駄に過ごした

	関わった人々	自分だけの時間 （何をやっていたか）	自己評価	表れている効果 / 表れない効果
今日			A	
			B	
			C	
昨日			A	
			B	
			C	
一昨日			A	
			B	
			C	

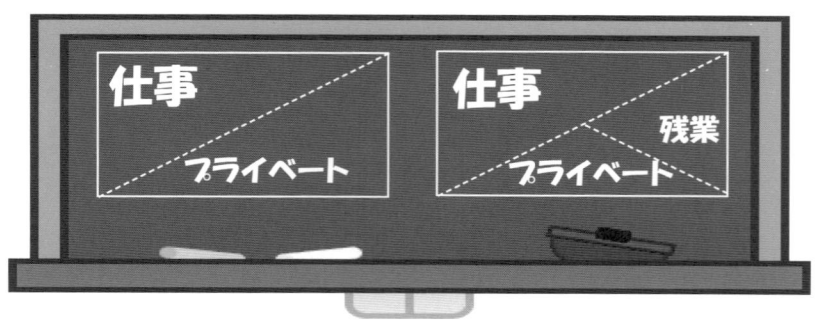

≪板書説明≫仕事とプライベートを二項対立の関係として捉えるのではなく、どのようにバランスをとればシナジー（相乗効果）が得られるかについて考えることが重要です。

● 第1章―自分に気づく

STEP-2 希望する生活と現実の生活について

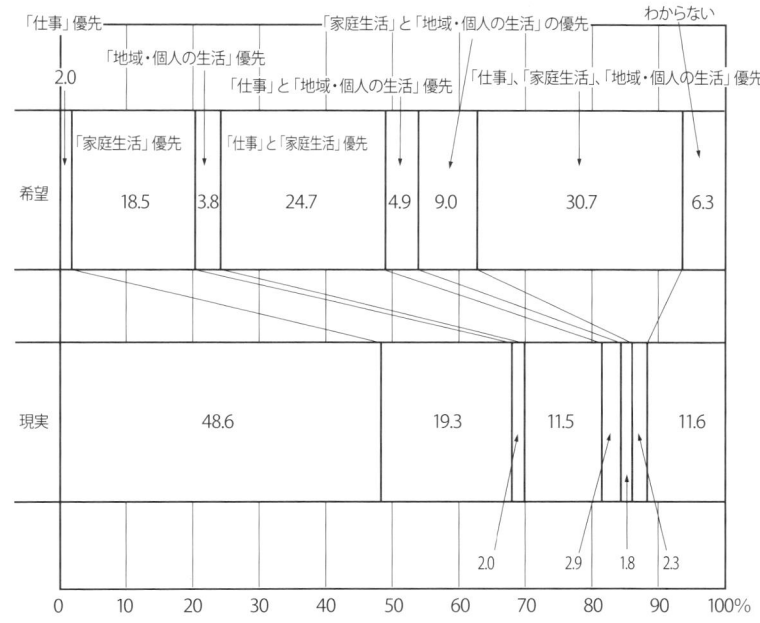

生活の中での「仕事」、「家庭生活」、「地域・個人の生活」の優先度

出所：内閣府「仕事と生活の調和（ワーク・ライフ・バランス）に関する意識調査」

左図は、2008年に内閣府が全国20〜60歳の男女2,500人に対して「カエル！ジャパン キャンペーン」に関する意識調査（インターネット調査）を行った結果です。

「仕事」「家庭生活」「地域・個人の生活」の優先度について、希望とする生活と現実の生活が一致している人の合計割合は15.2％に留まり、希望と現実に大きな乖離（かいり）があります。このギャップを埋める方法として、自分自身でコントロールできる"自分の時間"を確保することが重要になります。

STEP-3 自己診断してみよう！

　STEP-1から、これまでの自分は自分の時間を（ 大事にしてきた・ふつう・あまり大事にしてこなかった ）方である。もっと、自分らしく生きるためには自分と向き合う時間を増やし、自分一人だけにかける時間（1日平均）を_____分から_____分にし_____をして過ごしていきたい。

～Memo～

STEP-4 周囲に耳を傾けよう！

＊明日死ぬかのように生きろ。永遠に生きるがごとく学べ（マハトマ・ガンジー）
＊野心家の主たる幸福は、忙しいということなのである（アラン『幸福論』岩波書店）
＊楽しんでやる苦労は、苦痛を癒すものだ（シェイクスピア『マクベス』新潮社）

■ポイント／教訓

> 心の空きスペースを意識的に保ち続ける

■さらなる発展的学習のための参考文献

＊河合雅司『未来の年表―人口減少日本でこれから起きること』2017年、講談社

11―キャリアの虹

【用語の解説】D. スーパーの理論。人の一生を分度器の形で、5つの成長段階（成長・探索・確立・維持・衰退）から表したものであり、個人が一生涯にわたり担っていくべき、立場や人生の役割（＝ライフロール）の重要性を強調しました。

2010年頃からすでにキャリア関連学会において争点であったものとして、キャリアの「発達」と「成長」の違いがあります。両者を大別すると、発達は質的変化（パラダイム変換）であり、成長は量的拡大ということになります。また、キャリア発達についてはキャリア開発と呼ばれていた時期もありました。

STEP―1　ワークにトライしてみよう！

Q. サンプル線にならって、半円の中心から自分の年齢に向かって線を1本引いてみよう！

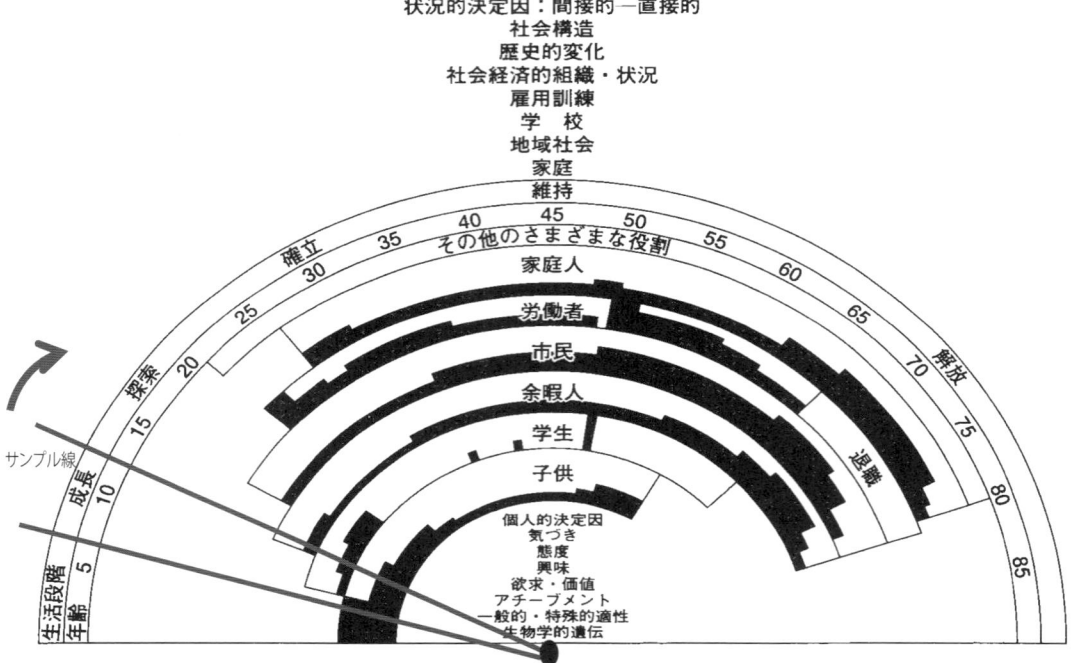

≪STEP-1の見方≫＊年齢を追うごとに時計周りに直線はスライドします（逆戻りできない）。また、網掛け（複数個所）は各年齢で担わなければならない役割の比重を表しています。つまり、半円内部の同心円上に描かれた人が果たすべき役割の重要度は発達段階に応じて変化していきます。

≪板書説明≫各発達段階に応じた役割を担いながら、節目節目で自己選択・決定をしていくことの繰り返しがキャリア（全体）の基盤を構築していくと考えます。

D. スーパー
ライフキャリア＋職業キャリア＝キャリア（全体）
　　　　　　　　　　　　　　　　　↑基盤
ライフロール（人生の役割）→キャリア選択、意思決定

●第2章—自己キャリアを意識する

STEP—2　スーパーのアーチモデル

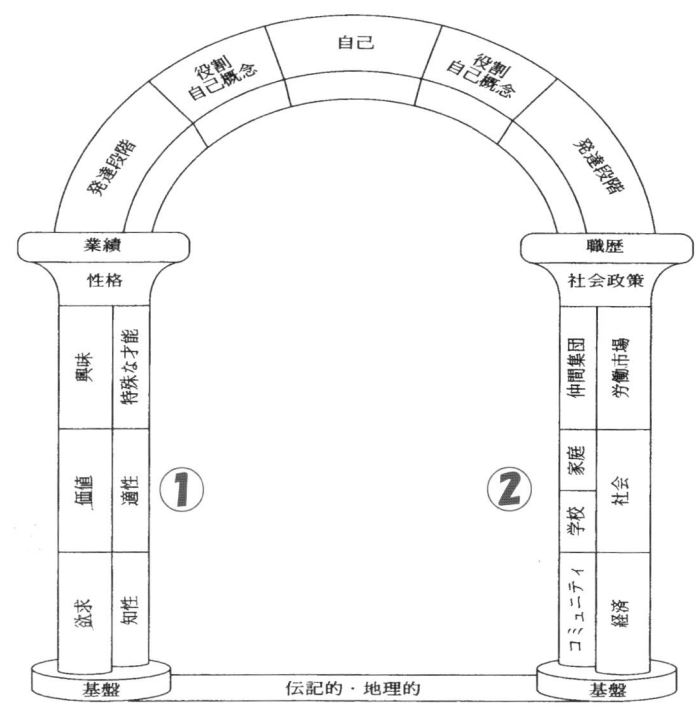

　D.スーパーは晩年、STEP-1のキャリアの虹（＝ライフキャリアレインボー）を改良し、キャリアを形成する様々な要因をアーチ型で表しました（左図）。すなわち、アーチの左側の柱（＝①個人的要因）と右側の柱（＝②社会環境的要因）の二本の上部中心に「自己」や「自己概念（自己像）」が位置するとしました。つまり、①②のそれぞれの要因が基盤となり各発達段階（ライフステージ）を経て、総合的に形成される自己概念がキャリア形成を規定するものと考えたのです。

　「自己概念」とは、「自分とは何ぞや」という自分自身の経験に基づく認識により形成されるものです。新しい経験が明確化に役立ちます。

STEP—3　自己診断してみよう！　＊解答は127頁を参照

　STEP-1の網掛け（黒色）部分は、各年齢で果たすべき役割に費やされる時間とエネルギーの比重が示されており、自分で引いた一本線と網掛け部分との重なりより、今の自分のライフロールは＿＿＿＿＿＿＿＿＿＿＿＿＿＿＿＿＿＿＿＿＿＿＿＿＿＿＿＿＿＿であることがわかる。
また、STEP-2より、近年の労働市場は（　①の要因・②の要因　）の影響をより強く受ける傾向にあることが考えられる。

STEP—4　周囲に耳を傾けよう！

　TBS系テレビ時代劇『水戸黄門』の主題歌といえば、誰もが知っている「人生楽ありゃ苦もあるさ〜♪」です。タイトルは「あゝ人生に涙あり」。しかし、3番までと思われがちなこの歌ですが、実は（以下の）"幻の4番"があることをご存知だろうか？
　　　"人生一つの物なのさ　後には戻れぬものなのさ〜
　　　　明日の日の出をいつの日も　目指して行こう顔上げて♪"
　まさに、STEP-1の「キャリアの虹」そのもののことを歌っているではありませんか。

■ポイント／教訓

キャリアは生涯にわたり発達しながら変化し続ける

■さらなる発展的学習のための参考文献

＊大久保幸夫『キャリアデザイン入門—I・—II』2006年、日本経済新聞出版社

12－人生80年の時間

【用語の解説】 日本人の平均寿命は男女ともほぼ80歳を超える時代（男性81.09歳、女87.26歳：2017年時点）です。高齢化が進行している分、自分の裁量で自由に使える時間（可処分時間）をどのように使うかを1人1人が考える必要があります。

一昔前までは"人生50年"の時代でした。かの織田信長も幸若舞（曲舞）の敦盛の中で、「人の一生は所詮50年に過ぎず、天上世界の時間の流れに比べれば、夢や幻のようなはかないものであり、命あるものは滅びる」といっています。年齢が上がるにつれて、年々時の流れの速さを感じるという人も少なくないと思います。では、80年間とは実際にどのくらいの長さなのでしょうか？

STEP-1 ワークにトライしてみよう！

Q. 下図の5つの区分について、（　）の総時間数を実際に計算してみよう。　　＊解答は127頁参照

生涯生活時間：24時間×365日×80年＝（①　　　時間）

生活必需時間	＝10時間×365日×80年＝（②　　）時間
生育時間	＝14時間×365日×20年＝（③　　）時間
労働時間	＝10時間×250日×40年＝（④　　）時間
在職中の自由時間	＝{(4時間×250日)＋(14時間×115日)}×40年＝（⑤　　）時間
退職後の自由時間	＝14時間×365日×20年＝（⑥　　）時間

出所：佐藤進（1996）「自由業ソフトランディングのすすめ」ビューティフルエイジング協会（講演資料）

≪STEP-1の見方≫ 1日の生活必需時間は、食事1時間＋睡眠8時間＋入浴0.5時間＋排泄0.5時間＝10時間で計算しています。生育時間とは、20歳ころまでに費やしてきた学校・塾・習い事・クラブ活動等の時間のすべてを指します。労働時間は通勤2時間＋勤務8時間＝10時間で計算しています。

≪板書説明≫短い人生が必ずしも不幸な人生とは限りません。一般に、人生80年で考えると、おおよそ四半世紀ごとに子供として家族と過ごす時期が来た後に家庭を持つ子育て期、さらに老年期を迎えることになります。しかし、今後「人生90年」の時代になると、均等に3分割にならないかもしれません。自分の役割やライフスタイルについて考えてみましょう。

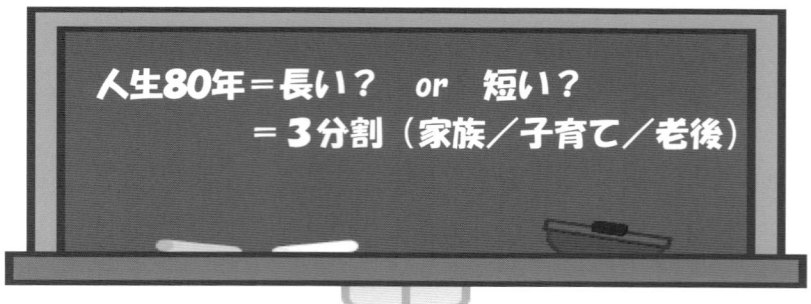
人生80年＝長い？ or 短い？
＝3分割（家族／子育て／老後）

●第2章—自己キャリアを意識する

STEP—2　人生80年のビジュアル化

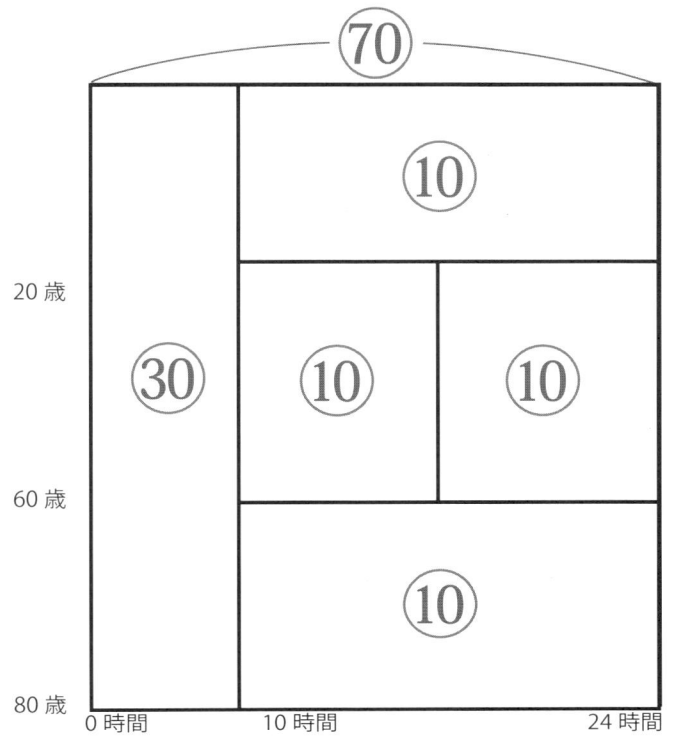

　STEP-1での計算により、人生80年、つまり、生涯生活時間の約70万時間が皆さんに平等に与えられるものとすると、その内訳は5つのブロックから視覚的に捉えることができます。

　すなわち、80年間を生きる誰もが要する生活必需時間の約30万時間を除くと、「生育時間」:「労働時間」:「在籍中の自由時間」:「退職後の自由時間」＝1:1:1:1となり、すべて約10万時間で算出することができます。最終学校を出てから定年退職するまでのおよそ40年間（20万時間）も「労働時間」と「在職中の自由時間」に等分できる計算です。さらに、それらと同等の時間が「退職後の自由時間」としても残されていることがわかります。

STEP—3　自己診断してみよう！

　STEP-2で、人生80年（70万時間）を視覚的に捉え直すと、改めて人生は（長い・短い）と思う。現在の自分は、70万時間のうち、すでに＿＿＿＿＿時間を消費しており、残りの時間は＿＿＿＿＿時間であるので、具体的に＿＿＿＿＿歳くらいまでに＿＿＿＿＿＿＿＿＿＿＿＿＿＿＿をやりたい。

STEP—4　周囲に耳を傾けよう！

＊サッカー人生のゴールを42.195キロに設定すると、プロになって約10年たちますが、半分は折り返していてここからが一番大事。25、26、27キロぐらいにはいると思うんで、残りは15キロぐらい。非常に重要なサッカー人生になると思います（本田圭佑、セリエAの名門クラブ・ACミランへ移籍時のインタビュー記事より）

＊80歳まではコースに出たいと思っている私だが、さて今は人生の何番ホールあたりにいるのだろうか（プロゴルファー 岡本綾子）

■ポイント/教訓

> いまを生きているという実感がキャリアの下地を作る

■さらなる発展的学習のための参考文献

＊小野田寛郎『生きる』2013年、PHP研究所

I—巡礼編：過去を振り返る

13—偶然は必然なり

【用語の解説】　キャリアの経路には多くのセレンディピティ（serendipity）が潜んでいます。セレンディピティとは思いがけないものを発見したり、気づく能力のことです。よき偶然を生かすにはすべてデザインしきらない方が良いという意見もあります。プランド・ハプスタンス理論

　この世の中、人の一生いろんなことがあるもので、何もなくて平穏無事、そんなことはなかなか望めない。だから時に喘息も出ようというものだが、けれどもそのいろんなことのつらなりのなかにも、おのずから何らかのフシというものがあるわけで、何がなしにダラダラといろんなことが続いていくわけでもない。大事なことは、このフシを見わけ、自覚し、そのフシブシで思いを新たにすることである。フシは自然に与えられる場合もあるし、自分でつくり出していく場合もある（松下幸之助『道をひらく・続』1988年、pp.14-15、PHP研究所）

STEP—1　ワークにトライしてみよう！

Q. 誕生から現在までの自分を振り返り、"自分史"を描いてみよう！（15分）
①折れ線グラフを描いてみる→②ハイライトに☆をつける→③顕著な凹凸の部分について、下欄に出来事・エピソードを書き出す。

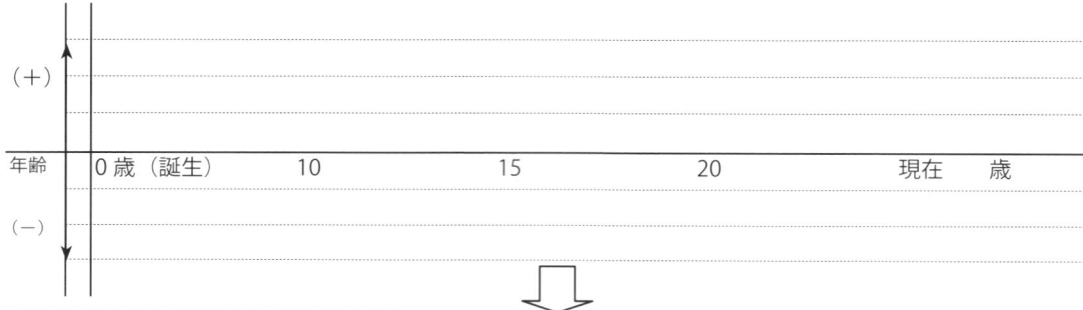

＜自分の人生に影響を与えた出来事＞

時期	体験エピソード	キーパーソン（いない場合は「なし」）
歳時	☆	
歳時		
歳時		
歳時		

≪板書説明≫「備えあれば憂いなし」という諺がありますが、私たちは予期できるものに対して準備することは可能です。しかし、予期できない偶然の出来事に対する備えは難しいものがあります。一方、なかなか自分の思い通りにいかない日常を考えれば"偶然枠"の方が大きいと考えるのが自然です。計画通り忠実な生き方を実現しても人生全体のごくわずかに過ぎません。つまり、偶然を好機として積極的に活かせば人生キャリアをいかようにも変えられるのです。

STEP-2 偶然の出来事を起こすための心構え（J. クランボルツ）

① 好奇心（いろんなことに興味・関心を広げられる）
② 柔軟性（いろんな角度から物事が見れ、柔軟な対応ができる）
③ 冒険心（見通しがはっきりしない場合でも、思い切って行動に移せる）
④ 持続性（苦難・困難にめげず続行できる）
⑤ 楽観性（いつか良い結果が出ると信じられる）

　通常、予定通りのキャリアを築くことはそう簡単ではありません。クランボルツ博士も500人のインタビュー調査を行い、人生の80％は予期しない偶然の出来事により作られると結論付けています。偶然の出来事をどのように捉えるかは、その時の心理状態や日頃からの心がけにより異なってきます。つまり、とっさに起こる出来事に対する受け止め方が重要になります。例えば、物事を頭ごなしに否定せずに何事も open mind（開かれた心）で受け止めてみる姿勢が大切です。セオリーや「こうあるべき」という常識にしばられない生き方を心がけましょう。

STEP-3 自己診断してみよう！

　STEP-1 より、自分自身のキャリアの大きな転機は（ 1回ある・2回以上ある・まだない ）ことがわかった。偶然に起こった出来事がきっかけとなり、現在の自分に影響を与えていることは
＿＿である。
今後はSTEP-2の（ ①・②・③・④・⑤ ）を強く意識していきたい。

～Memo～

STEP-4 周囲に耳を傾けよう！

＊経験というのは誰にでも自由に与えられる権利ではない。それは「偶然」が与えてくれた特権なのだ（アベ・プレヴォ『マノン・レスコー』新潮社）
＊運命をはねつけ、死を嘲り、野望のみをいだき、知恵も恩恵も恐怖も忘れてしまう。お前たちもみな知っているように、運命は偶然よりも必然である。「運命は性格の中にある」といふ言葉はけっして等閑(なおざり)に生まれたものではない（芥川龍之介『侏儒の言葉』岩波書店）

■ポイント / 教訓

偶然に降りかかる出来事が人生に深みや幅をもたらしてくれる

■さらなる発展的学習のための参考文献

＊J. クランボルツ『その幸運は偶然ではないんです！』2005年、ダイヤモンド社
＊大前雅人『成功の鍵は自分の中にある -「チャンスの扉」を開く行動のヒント119項』1994年、大和出版

I—巡礼編：過去を振り返る

14―人生の片道切符

【用語の解説】 セカンド・キャリア、第二の人生、第二の職業。プロスポーツ界では、引退後の仕事を意味するスポーツ・セカンドキャリア。キャリア・トランジション、デュアルキャリア支援。

　米国のほとんどのプロスポーツチームやスポーツアカデミーに存在するものの、日本ではまだ珍しいアスレティックカウンセラーとして活躍する椎名純代氏は、米国で尊敬される人物の大半がスポーツ選手である理由を、技術面の高さだけでなく人格面が優れている点としています。選手生命が短いスポーツ業界では"その後"のキャリアをどう生きるかが問われているということです。

STEP―1　ワークにトライしてみよう！

Q．これまでのあなたの人生の節目（ターニング・ポイント）を振り返り、応援、支援、助言、激励をしてくれた人の名前を思いつく限り列挙してみよう。（15分程度）

	ターニング・ポイント①	ターニング・ポイント②	ターニング・ポイント③
時期			
出来事			
お世話になった人			

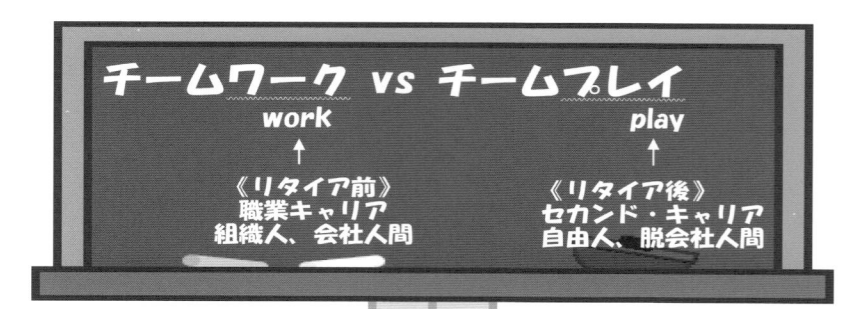

≪板書説明≫ life（人生）の中に if（もしも…）はありますが、時計の針を戻すことはできません。子供の頃にやった鬼ごっこやかくれんぼを思い出しましょう。あんなに単純なことでそこまで楽しめるのは子供たち皆が必死だったからです。"遊び心"があればこそ無邪気に必死になれるのかもしれませんね！

チームワーク vs チームプレイ
work ／ play
《リタイア前》職業キャリア　組織人、会社人間
《リタイア後》セカンド・キャリア　自由人、脱会社人間

●第2章─自己キャリアを意識する

STEP─2　自分の"人生時計"を意識する！

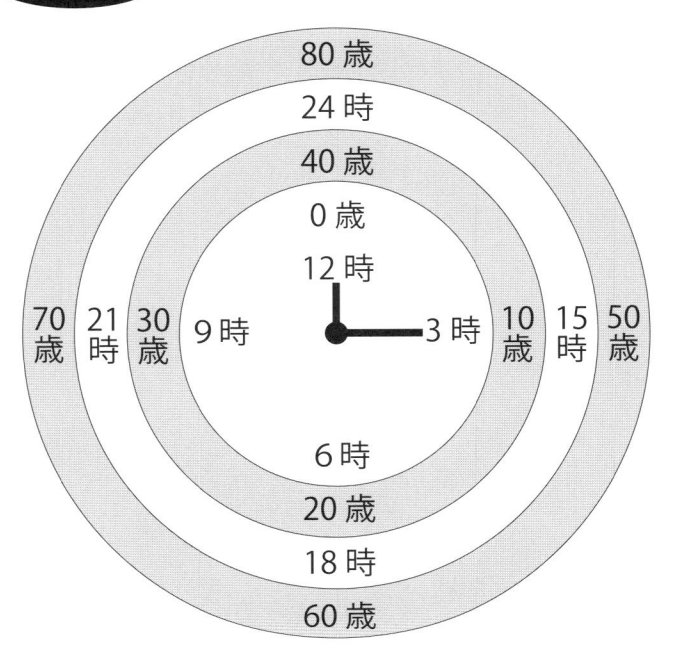

```
         80歳
         24時
         40歳
         0歳
         12時
70歳 21時 30歳 9時    3時 10歳 15時 50歳
         6時
         20歳
         18時
         60歳
```

　左図は、人の一生を一日（＝24時間）にたとえたものです。仮に、人生80年としましょう。一生で2周することになりますね。0歳が0時だとすると10歳で午前3時、20歳では午前6時になります。さらに、人生半ばの40歳は正午、60歳で午後6時といった具合です。つまり、20歳は一日の始まり、30歳は人生の始業時間にあるということになります。さらに、40～50歳代の中年層はまだまだ半日が残されていることが分かります。60歳代以降の高齢層にも比較的自由なアフター5が残されていることになります。

出所：小島貴子『学生のためのキャリアレッスン』（2010）88頁。

STEP─3　自己診断してみよう！

　STEP-1から、これまでの自分の人生の中で関わった人々の数は（ 多い・ふつう・少ない ）と感じた。とくに、一番のターニング・ポイントは（ ①・②・③ ）で、キーパーソンは＿＿＿＿＿＿＿＿＿＿であった。また、STEP-2から、今の自分の人生時計は＿＿＿時＿＿＿分くらいであり、＿＿＿時から＿＿＿時の間くらいに＿＿＿＿＿＿＿＿＿＿＿＿＿＿＿＿＿＿＿＿＿＿ができればよいと考えている。

～Memo～

STEP─4　周囲に耳を傾けよう！

＊われわれを助けてくれるものは、友人の援助そのものというよりは、友人の援助があるという確信である（エピクロス）

■ポイント／教訓

いつでも、どこでも、何度でも自分と対峙する

■さらなる発展的学習のための参考文献

＊清家篤『エイジフリー社会を生きる』2006年、NTT出版
＊平尾誠二・金井壽宏『型破りのコーチング』2009年、PHP研究所

15―そぎ落としていくキャリア

【用語の解説】キャリア・プラトー（career plateau）とは、会社組織内で昇進や昇格が見込めず、本人のモチベーションが低下することで能力開発機会の喪失にしてしまう状態を指します。

2013年8月23日、ヤンキースのイチロー選手が日米通算4000安打を見事達成しました。180cm、77kgと野球選手としては決して恵まれた体格とはいえない彼が偉大な金字塔を打ち立てることができたのは、日々、"自分を変化させること"に敏感である点を児玉光雄氏（スポーツ心理学者）が指摘しています。さらに、イチロー選手の卓越したところは前進するだけでなく、後退するところも進化の一つと捉えられる点だといわれます。

STEP-1　ワークにトライしてみよう！

Q. つぎの新聞記事のコラム『春秋』を読んだうえで、文中の"仲間"や"同士"に該当する人の名前を左欄に思いつくだけ列挙してください。（10～15分程度）

（　　　　）さん	春秋
（　　　　）さん	
（　　　　）さん	
（　　　　）さん	
（　　　　）さん	
（　　　　）さん	
（　　　　）さん	
（　　　　）さん	
（　　　　）さん	
（　　　　）さん	
（　　　　）さん	
（　　　　）さん	
（　　　　）さん	
（　　　　）さん	
（　　　　）さん	

修行僧の顔から、ふと子供の笑みがこぼれた瞬間、国籍も年齢も試合も、どこかに吹き飛んでいった。4千本安打を達成し、仲間が祝福に集まってきた時だった。「記録が特別な瞬間をつくってくれるのではなく、僕以外の誰かがつくってくれる」。イチロー選手はそう語った。▼初めに驚いた表情を見せたのは、試合を中断してまで皆がぞろぞろと一塁に駆け寄ると思っていなかったからだろう。試合再開を待つ審判や、相手チーム選手の立ち姿が優しい。イチロー選手の顔は戸惑いから半泣きに変わっていた。孤高の努力の人だからこそ、皆の気持ちが、すっと心の奥にに染み込んだに違いない。▼自分にはそんな仲間がいるだろうか、と自問してみる。同じ学校に通ったり、一緒に食事をしたり、共に行動する時間が長いほど絆が強くなった気がするが、なれ合いと団結は紙一重かもしれない。ふだん百の言葉を交わすより、尊敬し合う同士は何人いるだろう。職場や教室に、常に己を磨く一つの業績をたたえ合う。▼イチロー選手は8年前、投手と対決する打撃技術に自信を深めた心境変化を、こう語っている。「前は相手のミスを待っていたけれど、今は相手のベストを待っているんだと思う。自分が本当にベストだと思うためには、自分だけでなく相手のベストも必要だ」。実力で頂点を目指すものにとっては、最高の敵は最大の友でもある。
（出所：日本経済新聞2013年8月24日号）

よいキャリア・プラトーとは？
= √ 高原・台地 ≠ 進歩がみられない状態
= 自分らしい生き方の追求

≪板書説明≫　人生が快調な時は自分を顧みなくなりがちです。√（ルート記号）の水平部分は一定の進展後にくる節目において自分と向き合う機会を持つことが自分らしさを追求するために大切になることを表しています。

STEP-2　変化の激しさと成長曲線

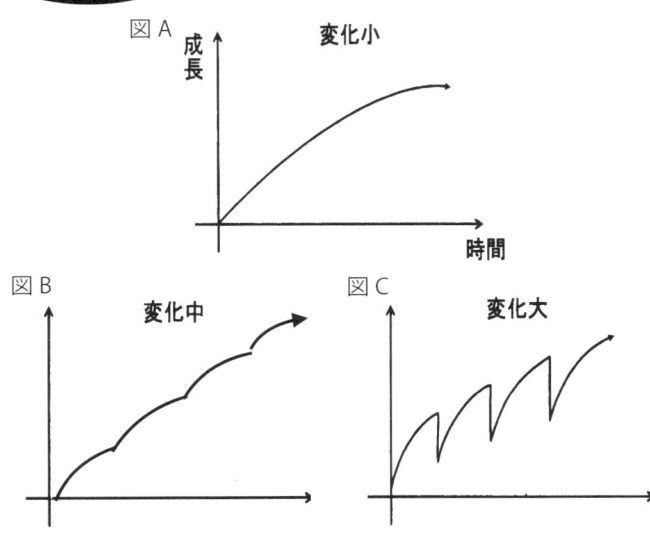

図A　変化小
成長／時間

図B　変化中

図C　変化大

出所：高橋俊介（2013）「21世紀のキャリア形成とキャリア教育」（講演会資料）

一言でいえば、連続性の問題ということになります。図Aのように、かつての日本的雇用慣行（終身雇用・年功序列・企業別組合）が維持されていた時代には、一企業キャリアで将来の職業キャリアを見通しやすい面がありました。図Bはピラミッド型の大組織に所属し、過去の経験を積み上げて昇進していく様を示しています。

しかし、近年のような変化の激しい時代では既存事業からの撤退・新規事業の展開は珍しくありません。図Cは連続性にとらわれないジグザグ・キャリアを表しています。一見、脈略のないキャリアに見えますが、ポイントはどんなことが身に降りかかろうとも、決して地（底辺）に落ちることなく、不要なものを取り除きつつ、自分らしさを模索する生き方であるかが大切になります。

STEP-3　自己診断してみよう！

STEP-2における3つのグラフの中で、自分自身は（　図A・図B・図C　）の生き方をしていきたいと思う。その理由は、＿＿＿＿＿＿＿＿＿＿＿＿＿＿＿＿＿＿＿＿＿＿＿＿である。振り返ってみると、これまでの人生の中でプラトー状態は（　なかった　・　あった　）。このような"頭打ち状態"に直面したときには、今後、＿＿＿＿＿＿＿＿＿＿＿＿＿＿＿＿＿＿＿＿＿＿＿＿＿＿＿＿に注意していきたい。

～Memo～

STEP-4　周囲に耳を傾けよう！

＊老いは恥ではないのだよ（元世界ヘビー級チャンピオン　ジョージ・フォアマン）
＊人の巧を取って我が拙を捨て、人の長を取って我が短を補う（木戸孝允）

■ポイント／教訓

捨てることで新たな創造が生み出される

■さらなる発展的学習のための参考文献

＊浅野裕子『捨てる生き方―人生もっと快適になる』2007年、三笠書房
＊児玉光雄『イチロー思考―孤高を貫き、成功をつかむ77の工夫』2004年、東邦出版
＊Herminia Ibarra 著・金井壽宏(監修)・宮田貴子(翻訳)『ハーバード流 キャリア・チェンジ術』2003年、翔泳社

16—人生のお品書き

【用語の解説】calling（コーリング：天職）は神の宣言（call）が語源となっています。天職の感覚を持つ人の人生のストーリーは、生活全体が一つの使命に捧げられているとL.コクラン教授は言っています。

　これはラーメンの話じゃない。人々に食べる喜びを与え続けた男の真実。大勝軒という生き方のものがたり。その一杯のラーメンを求め、2時間待ち以上の行列ができる店。伝説のラーメン屋「東池袋大勝軒」。創業から50年にわたってその店を守り続けたのは、店主・山岸一雄。なぜ彼の作るラーメンはそんなにも美味しいのだろうか？なぜ大勝軒はこんなにも多くの人に愛されるラーメン屋になったのだろうか？そこには味の追究だけではなく、山岸の人生と愛、彼が信じた人との絆があった。"映画『ラーメンよりも大切なもの』(パンフレット記事より)

STEP—1　ワークにトライしてみよう！

Q. いまの本分（社会人＝職場、学生＝学校、専業主婦＝家事）以外のことでこれまでの自分に起きた大切な出来事をキーワード4つで表してみよう。(10〜15分程度)

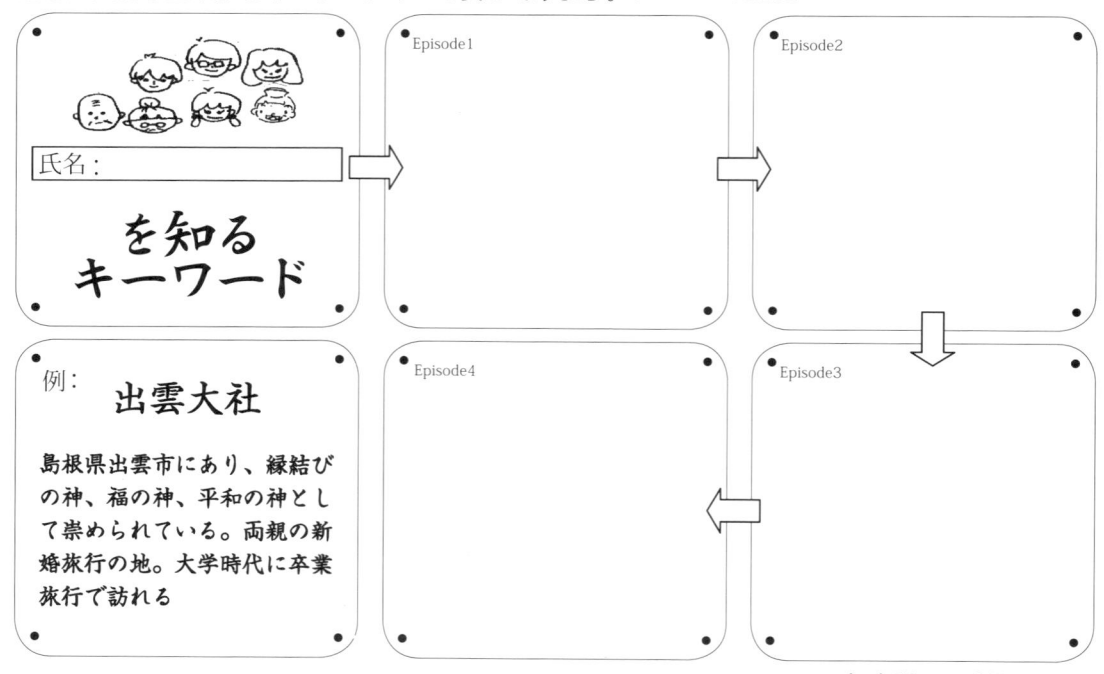

氏名：＿＿＿＿＿＿＿
を知るキーワード

Episode1

Episode2

Episode3

Episode4

例：**出雲大社**
島根県出雲市にあり、縁結びの神、福の神、平和の神として崇められている。両親の新婚旅行の地。大学時代に卒業旅行で訪れる

仕事人生＝Working Life
全人生＝Total Life
ジョブ Job
ワーク Work

≪板書説明≫「働く」と近い意味を表す英語には"ワーク"と"ジョブ"があります。ワークは働く場所や働く活動を表すのに対し、ジョブはひとつひとつの作業や業務内容になります。また、働くことだけが人生の全てではありませんので仕事人生は全人生の一部分とみなされます。

●第 2 章—自己キャリアを意識する

STEP-2　Alderfer（アルダファー）の ERG 理論

　マズローの 5 段階欲求階層説を仕事に関する価値観として 3 つの次元で捉え直したものです。低次から高次へと段階的に捉えるマズローの欲求段階説と異なり、アルダファー理論では E・R よりも G の欲求をもつことや、R・G の欲求を同時に持つことも認めています。（＊5 段階欲求階層図は 15 頁を参照）

	マズローの理論		アルダファーの理論
I - II 次元	生理的 安全と安心（物質的）	E	＜生存：Existence＞ 賃金や物理的労働条件
III - IV 次元	承認 所属 安全と安心（人間関係）	R	＜関係：Relation＞ 人間関係（上司・同僚）の維持と発展を求める欲求
V 次元	自己実現 尊敬	G	＜成長：Growth＞ 人間らしく生きることや自らの成長を求める欲求

STEP-3　自己診断してみよう！

　人間の欲求や価値観を仕事面でみた STEP-2 を踏まえると、自分の職業キャリアにおいては（ 生存面・人間関係面・自己成長面 ）を一番重視したい（してきた）と思う。
　　その理由は＿＿＿＿＿＿＿＿＿＿＿＿＿＿＿＿＿＿＿＿＿＿＿である。一方で、自分の職業キャリア以外の面においては＿＿＿＿＿＿＿＿＿＿＿＿＿＿＿＿＿＿＿を通じて、（ 生存面・人間関係面・自己成長面 ）を一番重視したい（してきた）。

～Memo～

STEP-4　周囲に耳を傾けよう！

＊人の世に道は一つということはない。道は百も千もあるのだ（坂本龍馬）
＊人間こそが、人間自身の幸福を創り出す（アントン・チェーホフ『チェーホフ全集 7』筑摩書房）
＊私の前には、これから出会い、学びゆく広大な世界が広がっているのだ。そう気づいた時、私は歓喜に震えた。未来は私のものだ（モンゴメリ『赤毛のアン』新潮社）

■ポイント / 教訓

豊かな経験が方向感覚を研ぎ澄ませてくれる

■さらなる発展的学習のための参考文献

＊糸井重里（監修）『新装版 ほぼ日の就職論 はたらきたい。』2008 年、東京糸井重里事務所

17―人生キャリアの道しるべ

【用語の解説】ロール・モデル（role model）とは、具体的な考えや行動の模範となるお手本となる人のことです。著名人や身近な人に限らず、歴史上の人物や反面教師のような存在も対象になります。

「職場や地域社会で活躍するために必要な基礎的な力」として経済産業省は社会人基礎力（アクション・シンキング・チームワーク）を提唱しています。毎年『社会人基礎力育成グランプリ』が行われ、大学のゼミ・授業・研究等を通して、社会人基礎力をいかに育成・成長させることができたかを教員1人と学生3～4人が1チームとなり発表し合う場があります。さて、「あの人のようになりたい」と憧れの人に近づく努力をした経験はありますか。実現のためのポイントは理想とする人がいても、その人に勝つ自分をイメージすることです。

STEP-1 ワークにトライしてみよう！

Q. あなたのなりたい理想像を図中央の〇に記入したうえで、その理想に近づくための要件（4つ）を周りの良きメンター（1人）に相談しながら考えてみよう。（15分程度）

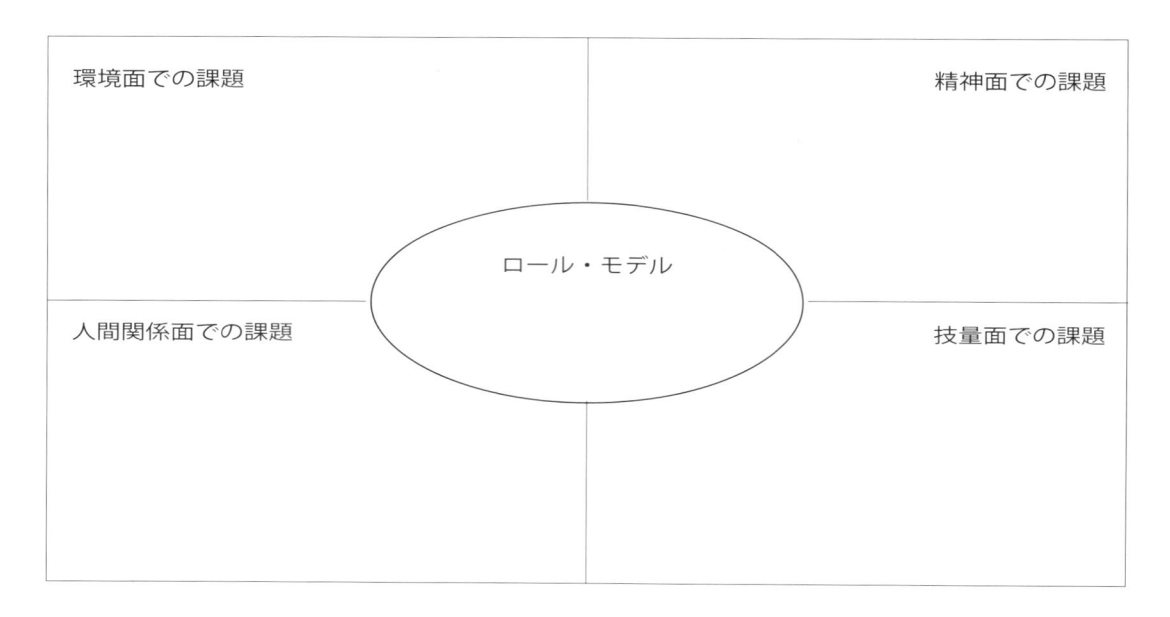

環境面での課題	精神面での課題
	ロール・モデル
人間関係面での課題	技量面での課題

≪板書説明≫「学生時代に〇〇を頑張りました」と社会人基礎力をアピールする就活生が多いこの頃ですが、大人としての価値観が少ないとの指摘もあります（某人事担当者）。その人の価値はすべて相手（人事側）が判断するのです。自己満足になってはいけません。人が見るわけですからいかに相手に感じさせられるかがポイントになるのです。

社会人基礎力 3能力12能力要素
- アクション（主体性/働きかけ力/実行力）
- シンキング（課題発見力/計画力/想像力）
- チームワーク（発信力/傾聴力/柔軟性/状況把握力/規律性/ストレス耐性）

●第2章―自己キャリアを意識する

STEP—2　期待理論（ローラー 1971）

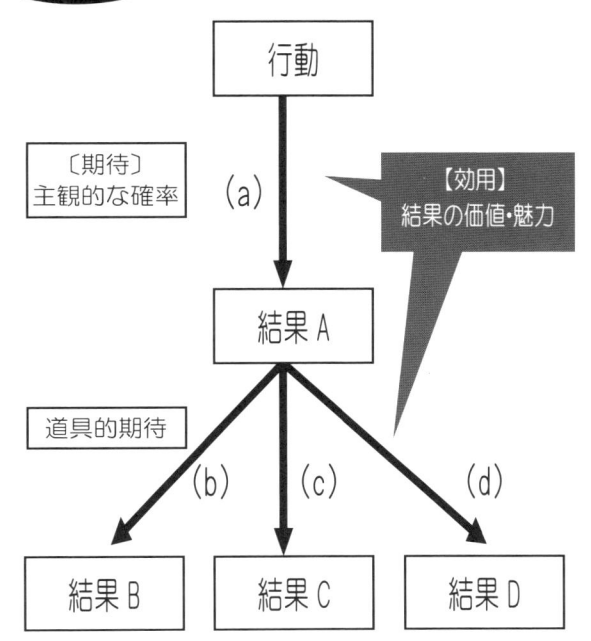

```
       行動
        │
〔期待〕  │         【効用】
主観的な確率 (a)    結果の価値・魅力
        ↓
       結果 A
        │
道具的期待 │
     (b)(c)(d)
   ↙   ↓   ↘
 結果B  結果C  結果D
```

参考：Lawler,E.E. Ⅲ（1971）Pay and organization effectiveness: A Psychological View.

　私たちはある行動をとる時、その行動が上手くいく確率や成功したことで得られる成果（報酬の価値）を自分なりの尺度で事前に考えています。大学生なら、資格・検定試験の準備や就職活動のエントリーの際にも無意識にこの計算を行っている場合があります。
　つまり、「モチベーションの高さ」の問題になります。左図は、成功する確率P（主観的確率）×効用U（満足度）が最も高くなるように合理的な行動をとることを示しています。結果Aの先にある結果もモチベーションに関係します（道具性）。結果Bから最も大きな効用が得られると期待できる場合、(a) → (b) の行動をとることで、期待効用 P_A（結果Aが得られる確率）× U_A（結果Aが起こることで得られる満足度）＋ $P_B × U_B$ を得ることになります。

STEP—3　自己診断してみよう！

　STEP-1 での自分の理想像に近づくためには（ 精神面・技量面・環境面・人間関係面 ）がもっとも大きな課題であり、メンターの役割は_____であった。また、STEP-2 のモチベーションの高さから4つの面を捉え直すと（ 精神面・技量面・環境面・人間関係面 ）からのアプローチが有効だと感じた。

～Memo～

STEP—4　周囲に耳を傾けよう！

＊何かに打ち込むことこそ、人生の幸福である（サミュエル・スマイルズ『自助論』三笠書房）
＊青春時代とは第二の誕生日である。自我の覚醒する日でもあるが、そのとき「われ」を誕生せしむる無縁がすなわち邂逅（かいこう）である。書物でもいい。師匠でも友人でも恋人でもいい。だれに出会ったかということが重要だ（亀井勝一郎『現代人生論』青春出版社）

■ポイント / 教訓

志を抱いて自分で判断していく生き方に徹する

■さらなる発展的学習のための参考文献

＊安藤至大『これだけは知っておきたい働き方の教科書』2015年、筑摩書店
＊岡本浩一『上達の法則―効率のよい努力を科学する』2002年、PHP研究所

Ⅰ―巡礼編：過去を振り返る

18―わたし自身の履歴書

【用語の解説】パーソナル・ブランディング：個人の持つ属性を抽出してアピールポイントとして強調することである。ブランドの概念や理論を個人にあてはめ、いわば個人のPRを行うための考え方です。自分ブランドとも呼ばれます。

就職活動生の採用選考の初期段階では、たいていES（エントリーシート）の提出が求められます。書類選考は就活生（分身）と企業とのファーストコンタクトの場であり、選考の試金石であるにもかかわらず、項目を埋めただけの自己満足のESが割と多いように見受けられます。たとえば、自己PR欄でははっきりと"自分のウリ"が裏付け（体験エピソード）とともに明記されているかが勝負の分かれ目になってきます。自分以外のサークル仲間やゼミ仲間を巻き込んでリアリティを出すことも重要です。

STEP―1　ワークにトライしてみよう！

Q. つぎの"未来履歴書"を作成し、将来を思い描いてみましょう（15〜20分程度）
（＊過去から現時点までの自分の履歴を「黒色ペン」で書いた後に、将来の履歴（希望）を「赤色ペン」で追記してみよう！）

■未来履歴書　　　　　　　　　　　　　　記入日：　　年　　月　　日

ふりがな	生年月日	写真
氏名	年　月　日生（満　歳）	（省略）

学歴（高校入学以降）
　　　年　　月
　　　年　　月
　　　年　　月
　　　年　　月
　　　年　　月
　　　年　　月
　　　年　　月

職歴
　　　年　　月
　　　年　　月
　　　年　　月
　　　年　　月
　　　年　　月
　　　年　　月

取得資格	趣味・特技

【板書】
人間存在の二重性＝主体性（agency）　←他者への働きかけ
　　　　　　　　＋共同性（communication）　←共有・協力・協同

≪板書説明≫ "二重人格"と聞くと悪いイメージを抱く人が多いかもしれません。しかし、人間は社会の中で存在していくためには、常に個の部分（主体性）と集団（共同性）の両方をバランスよく併せ持つことが大切になります。

●第2章―自己キャリアを意識する

STEP—2 『私の履歴書』に学ぼう！

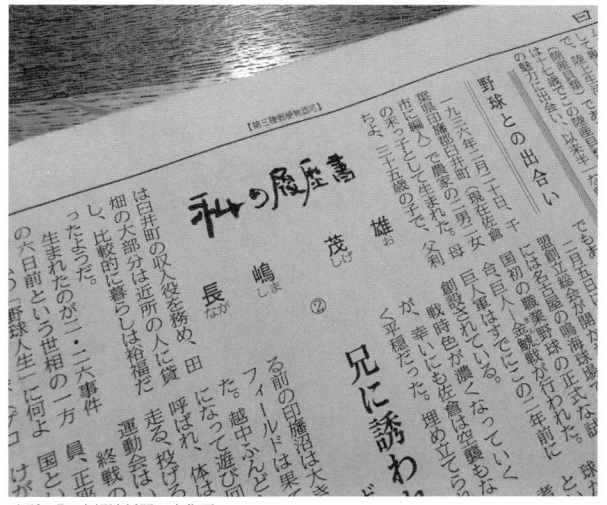

出所：『日本経済新聞』文化面

筆者も『日本経済新聞朝刊最終面（文化面）』に掲載されている連載記事の"私の履歴書"は毎日楽しみに読んでいます。

必ずしも著名人のサクセスストーリーばかりでなく、名前しか知らない人の連載記事を通して、その人の内面や人生観を知ることができるのも醍醐味のひとつです。

たとえば、大きな会社のトップの人が大学入試や就職試験に失敗した挫折経験があったり、他者からの支援を受けて生きてきたことを知り、勇気が湧いたり、励みになった人も少なくないかもしれません。世代は違っても、同じ時代を生きる人として、歴史上の人物よりも興味や親近感が湧く面もあります。

では、自分自身に置き換えてみるとどうでしょうか？キャリアの意味づけや自己物語は跡付け・後知恵の要素が強いことを考えれば、人脈の中で生まれる人に語れる物語（ストーリー）の増やすことが重要になります。

STEP—3 自己診断してみよう！

STEP-1で作成した"未来履歴書"を見返すと、赤字のものが（ 多く・少なく ）、将来のライフ・イベントが_____個くらい見通せていることが分かった。また、赤色で書いたもののうち、最も手軽に取りかかれそうなことは_____であり、_____が一番時間がかかりそうである。

～Memo～

STEP—4 周囲に耳を傾けよう！

＊人生とは旅であり、旅とは人生である。与えられたことのすべてが俺にとって素晴らしい経験となり、"糧"となり、自分自身を成長させてくれた。そして、今言えることは、プロサッカーという旅から卒業し、"新たな自分"探しの旅に出たい。（元サッカー日本代表、中田英寿の引退宣言、HP公式ブログより）

■ポイント／教訓

人縁を大切にする生き方が自己成長をもたらしてくれる

■さらなる発展的学習のための参考文献

＊浜口恵俊『日本人にとってキャリアとは－人脈のなかの履歴』1979年、日本経済新聞社
＊ピーター・モントヤ／ティム・ヴァンディー『パーソナルブランディング 最強のビジネスツール「自分ブランド」を作り出す』2005年、東洋経済新報社

I—巡礼編：過去を振り返る

19―人生の手応え

【用語の解説】感性教育：20世紀のモノの時代から21世紀はココロ（感性）の時代といわれます。右脳でインプットしたもの（感受・知識情報）が豊かなアウトプット（思考・創造）から生じるという回路を考えれば、日々感性豊かに過ごすことが人生を実感的に生きるために重要といえます。

若年労働市場では入職後3年以内の離職率が中卒（7割）・高卒（5割）・大卒（3～4割）という統計があります（七五三現象）。近視眼的な損得だけで会社を転々とする「ジョブホッパー」や無意味な転職を繰り返す「青い鳥症候群」という現象も最近少なくありません。

●STEP-1　ワークにトライしてみよう！

Q. つぎの雑誌記事『生と死：ママは死にたくない』を読んで、心に響いた箇所（複数可）にマーク（下線）を引いてください。（5分程度）

2008年2月に36歳で亡くなったテレニン晃子さんは、娘と引き離される無念を、世の中の人々に託そうとした。自分の闘病と娘へのメッセージを綴った著書『ママからの伝言 ゆりちかへ』の最後に、こう書いた。
――この本をお読みになって、（略）ぜひ柚莉亜にお手紙を送っていただけるとうれしいです。
晃子さんは、福岡市内の会社に勤務していた02年、IT企業に勤務するロシア人のテレニン・レオニドさんと結婚した。妊娠した05年秋、悪性の脊髄腫瘍が見つかった。背中の痛みがあったが、病院では「妊娠しているとよくあること」と言われ、がんとわかった時は、悪性で手遅れになっていた。06年に柚莉亜ちゃんを出産。晃子さんは、知人に「娘へのメッセージを本にしたい」と相談した。地元の出版社を紹介された。ノートやメモ帳、テープなどが07年10月にまとめられた。
本の中で、娘の将来を思って語りかけるメッセージは、優しくフランクだ。
"今日は先生が病気のことを話しました。ママの体はよくなりません。ゆりちかを産んで、かわいい赤ちゃんを産んで、お母さんが絶対必要なのですが、いっぱい話したいことあるんですけど、ママはあなたといっしょに生きることができないみたいです。" "女の子はかわいいほうが得だよ。お友達を作る秘訣は、オープンにすること。でも恋人には秘密を作って。ただし、一度セックスしたからって、彼女づらしないこと・・・（要約）" "子どもでいる時間は長くて、長くて、長いよ。ママは子供のころ、早く大人になりたいと思ってたかな。でも、本当に大人に近づいたら子どものままでいたいと思った。変だね"
詩のようでもある。が、最後は書けなくなり、テープに録音した。その声は涙声だ。"ママは死にたくないです。右足も左足も動かなくなっています。ゆりちかが抱っこできなくなるので、体が動かなくなるのは本当に怖いです。誰か助けて、私を助けてください。死にたくない、助けて"
読者からは柚莉亜さんに何通もの手紙が来た。無念のバトンは、思わぬ方向にも届いていた。今年、電通に勤めるコピーライターの梅田悟司さん（30）は、晃子さんの著書を原案にした絵本の仕事の依頼を受けた。公私とも世話になった50代の先輩社員が亡くなったばかりだった。生前、彼から受け取った付箋を読み返した。「結局、好きなことでしか成功できないから。楽しんでやりなさい」独身で子どももいない。でも、絵本『キミに残す手紙』の文を書いた。「生きる意味や後世に何かを残す大切さを考えるきっかけになれば、と思います」

（出所：『AERA』2009年12月28号17頁）

　　　　　のめり込み
仕事　←　とけ込み　　　プライベート　←　？
　　　　　自己成長　　　　　　　　　　　　？
　　　　　　　　　　　　　　　　　　　　　？
　人間の精神性（自分らしさ／アイデンティティ／自己実現）

≪板書説明≫仕事（ワーク）に対するモチベーションよりもプライベート（ライフ）における精神性・自分らしさの方が自由度が大きいことを考えれば、プライベートでこそ自分らしさを発揮する機会を模索することが大切になります。

STEP-2　良いキャリアの条件！

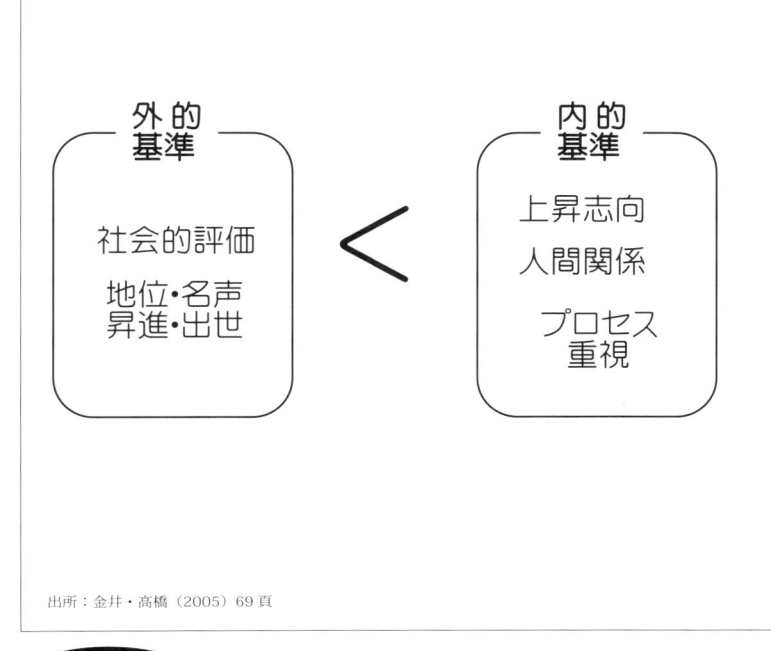

```
 外的            内的
 基準            基準
社会的評価       上昇志向
              <
地位・名声       人間関係
昇進・出世       プロセス
               重視
```

出所：金井・高橋（2005）69頁

人のキャリアをどのように捉えるかは難しい問題です。評価軸は外的基準と内的基準に大きく分けられますが、左図の通り、内的基準が鍵になります。内的基準はその人が生まれ持った固有のもので一生不変であるといわれます。それは自分のキャリアに対する評価はその人自身がどのように意味づけをするかということと関係しています。要するに、**外的基準の高さが判断基準なのではなく、内的基準に合致した外的基準（社会的評価）であるかが自己評価のポイント**になります。

STEP-3　自己診断してみよう！

STEP-2から自分のキャリアを振り返ってみると、外的基準では_____、内的基準では_____を意識してきた。また、どちらかといえば、（ 外的基準 ・ 内的基準 ）を重要視してきたと思うが、今後は両者のバランスをとるために、_____を意識して過ごしていきたい。

～Memo～

STEP-4　周囲に耳を傾けよう！

＊寒さにふるえたものほど太陽の温かさを感じる。人生の悩みをくぐったものほど生命の尊さを知る（ホイットマン『草の葉』岩波書店）
＊予言はそのとおり実行すれば「的中した現実」になる
＊【ことわざ】Seize the day →＜直訳＞その日その日を掴む→＜意訳＞有意義な毎日を過ごす

■ポイント / 教訓

幸せは感じるだけでなく自ら掴みにいくものである

■さらなる発展的学習のための参考文献

＊テレニン晃子『ゆりちかへ-ママからの伝言』2011年、幻冬舎
＊田島安江『もう一冊のゆりちかへ-テレニン晃子さんとの日々』2011年、幻冬舎

― II ―
気入編
現在を見つめ直す

立ち止まって、ありのままの今の自分とじっくり向き合います

◆
第3章　自分に立ち返る
◆
第4章　自己キャリアを認める
◆

II―気入編：現在を見つめ直す

20―ジョハリの窓

【用語の解説】 心理学者のジョセフ・ルフトとハリー・インガムによって考案された、対人関係や円滑なコミュニケーションのための「自己理解を深めるモデル（図）」である。自己（自分）には「4つの自己」があるとされ、両者の名前の頭文字から付けられました。

　「パッと見た印象と実際に話してみた感じとずいぶん違いますねぇ～」と人から言われたことはありませんか？自分が思う自分と人から見た自分は必ずしも一致しません。
　さて、皆さんは自分自身のことをどんな人間だと思っていますか？さらに、自分は周りの人の目にどのような人物に映っているのでしょうか？

STEP―1　ワークにトライしてみよう！

Q．まず、自己評価欄で該当するものすべてに○を入れた後に、同様の方法で友人などに評価してもらおう！（5～10分）

項　目	自分	友人（　　　　　）
	自己評価	他者評価
① 話し上手である		
② 聞き上手である		
③ 明るく元気がいい		
④ 約束事は守る		
⑤ まわりに優しい		
⑥ 他人に親切である		
⑦ 社交性がある		
⑧ リーダーシップがある		
⑨ 論理的に考える		
⑩ 勤勉である		
⑪ 地道に努力する		
⑫ 論理的に話す		
⑬ 発想力が豊かである		
⑭ 思いやりがある		
⑮ 何事にも意欲的に取り組む		
⑯ まわりに気配りができる		
⑰ 実行力がある		
⑱ 熱中しやすい		
⑲ 繊細である		
⑳ 協調性がある		

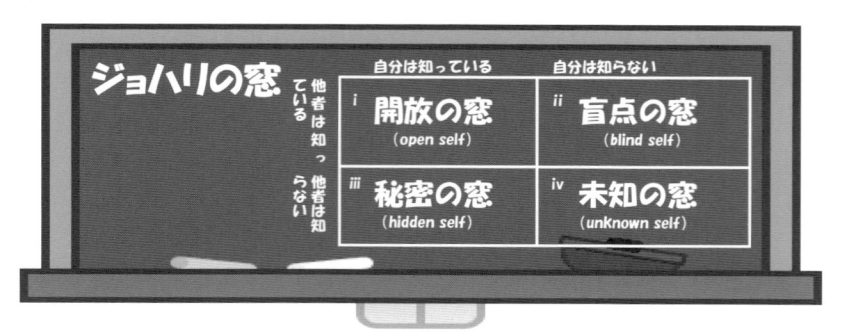

≪板書説明≫ⅰは自分も他者もわかっている自分（＝公開された自己）であり、ⅱは自分は気づいていないものの他者は分かっている自己です。ⅲは逆に自分だけがわかっている隠された自己であり、ⅳはまだ誰からも知られていない自分を表します。

ジョハリの窓

	自分は知っている	自分は知らない
他者は知っている	ⅰ 開放の窓 (open self)	ⅱ 盲点の窓 (blind self)
他者は知らない	ⅲ 秘密の窓 (hidden self)	ⅳ 未知の窓 (unknown self)

●第3章—自分に立ち返る

STEP-2　STEP1のつづき

Q. STEP-1で評価した表をみて、下の4つの窓に該当する項目番号①〜⑳のすべてを転記してください。

開放の窓（自分も友人も○）	盲点の窓（友人だけ○）
秘密の窓（自分だけ○）	未知の窓（自分も友人も空欄）

左図は「自分は知っている／自分は知らない」「他者は知っている／他者は知らない」の2×2＝4つの格子（窓）から成ると捉えます。図の外枠を固定し、格子（縦棒・横棒）のみが自由に移動すると考えると、1つの窓に入る番号が多いということは、その窓が大きいことを意味します。たとえば、「i. 開放の窓」が大きい人は、自己開示が進んでいると考えられます。また、「ii. 盲点の窓」が大きい人は少しKYな人、「iii. 秘密の窓」が大きい人は秘密主義者の傾向があるかもしれません。

STEP-3　自己診断してみよう！

STEP-2で作った4つの窓から判断して、自分の場合、最も「＿＿＿＿＿の窓」が大きく、自己開示が（ 進んでいる・ふつう・あまり進んでいない ）ことがわかった。しかし、格子の窓は不変のものではなく、今後の心がけや気持ちの持ちようにより「解放の窓」をさらに広げることも十分可能であることがわかった。また、自分自身も周囲の人も知らない自己を表す「iv. 未知の窓」は比較的（ 大きい・小さい ）方であったが、この窓の大きさは未だ見ぬ"自己の可能性"と関連があり、こうした側面があるからこそ、人生は楽しいと言えるのだろう。

~Memo~

STEP-4　周囲に耳を傾けよう！

＊ある人を憎むとすると、そのときのわたしたちは、自分自身の中に巣くっている何かを、その人間の像の中で憎んでいるわけだ。自分自身の中にないものなんか、わたしたちを興奮させないもの（ヘルマン・ヘッセ『デミアン』新潮社）

■ポイント／教訓

虚勢を張らずオープンマインド（開放の窓）を心がける

■さらなる発展的学習のための参考文献

＊渡辺三枝子編著『キャリアの心理学』2003年、ナカニシヤ出版

Ⅱ―気入編：現在を見つめ直す

21― 自分を客観視する

【用語の解説】 メタ認知（metacognition）とは、自分の思考や知覚を俯瞰して意識的に捉えることです。たとえば、自分が何を考えているかを考えることです。自己覚知・自己分析・他己分析等さまざまな方法があります。＊ブランド＝「他のものと明確に区別できる独自の強み」

自分の名前の由来や名付け親について、両親や家族と話をしたことがある人は少なくないでしょう。私も大学授業で平成生まれの学生達の名簿を眺めながら、（われわれの時代にはなかった）特徴的な名前を目にすることがありますし、呼称に苦労する場合もあります。また、同じ名前であっても、由来や名付け親の思いは必ずしも同じではないこともあるでしょう。

STEP-1 ワークにトライしてみよう！

Q. 以下の「私は、」に続くものを思いつくままに書いてみよう！（20個、10分程度）

私は、＿＿＿＿＿＿＿＿＿＿＿＿です　　私は、＿＿＿＿＿＿＿＿＿＿＿＿です

私は、＿＿＿＿＿＿＿＿＿＿＿＿です　　私は、＿＿＿＿＿＿＿＿＿＿＿＿です

私は、＿＿＿＿＿＿＿＿＿＿＿＿です　　私は、＿＿＿＿＿＿＿＿＿＿＿＿です

私は、＿＿＿＿＿＿＿＿＿＿＿＿です　　私は、＿＿＿＿＿＿＿＿＿＿＿＿です

私は、＿＿＿＿＿＿＿＿＿＿＿＿です　　私は、＿＿＿＿＿＿＿＿＿＿＿＿です

私は、＿＿＿＿＿＿＿＿＿＿＿＿です　　私は、＿＿＿＿＿＿＿＿＿＿＿＿です

私は、＿＿＿＿＿＿＿＿＿＿＿＿です　　私は、＿＿＿＿＿＿＿＿＿＿＿＿です

私は、＿＿＿＿＿＿＿＿＿＿＿＿です　　私は、＿＿＿＿＿＿＿＿＿＿＿＿です

私は、＿＿＿＿＿＿＿＿＿＿＿＿です　　私は、＿＿＿＿＿＿＿＿＿＿＿＿です

私は、＿＿＿＿＿＿＿＿＿＿＿＿です　　私は、＿＿＿＿＿＿＿＿＿＿＿＿です

自分のブランド化！？
目の前の「やるべきこと」をとことんやる
↓
実力がつき「できること」がどんどん増える
↓
その結果として、「やりたいこと」に近づく

≪板書説明≫その道何十年のプロと呼ばれるどんな人も最初は素人だったわけですから、これら３つの段階を経て、その人にしかできないところまでたどり着いた時に初めて"神の領域"に到達したと人は認めるのかもしれません。

●第3章―自分に立ち返る

STEP-2　自分ブランド化の方法!!

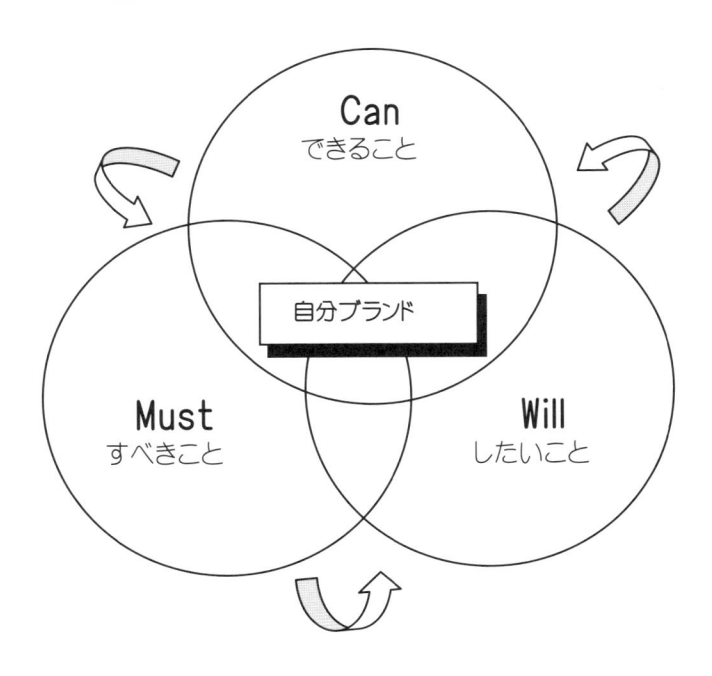

```
        Can
      できること

Must           Will
すべきこと      したいこと

      自分ブランド
```

　自分自身を「ブランド化」なんてできるのだろうかー？そんな疑念を持たれる読者は、まずその発想から脱却することが大切です。何事も"できる・できない"よりも、"今できること・すべきこと"を思い切って取り組むことが大切です。
　キャリア理論家のE. シャインは"なりたい自分"を見つけるための3つの自分自身への問いかけとして、①能力・才能（＝自分にできることは何か？：can）、②意味・価値（＝自分は何をやることに意義や価値を感じるか？:must）、③動機・欲求（＝自分は何をやりたいのか？:will）と言っています（121頁）。左図では、「Can → Must → Will → Can・・・」の順番で繰り返し自問自答してみよう。

STEP-3　自己診断してみよう！

　STEP-1のワークでは２０の視点から自分自身を捉えたが、＿＿＿＿＿＿＿な面があることに気づいた。それを踏まえると、STEP-2の手順に従えば、今の自分にとってCanは＿＿＿＿＿＿＿、Mustは＿＿＿＿＿＿＿、Willは＿＿＿＿＿＿＿であると考える。

～Memo～

STEP-4　周囲に耳を傾けよう！

＊他人とは、自分自身の心を読み取ることのできるレンズである（エマーソン）
＊私の人生観は単純だ。すなわち目をそむけることなく人生と折り合っていくということだ（映画監督/俳優 ローレンス・オリビア）
＊壁というのは、できる人にしかやってこない。超えられる可能性がある人にしかやってこない（イチロー）

■ポイント/教訓

> 「できる・できない」ではなく「今できる・すべき」ことを優先させる

■さらなる発展的学習のための参考文献

＊三田誠広『僕って何』、2008年、河出書房新社

II―気入編：現在を見つめ直す

22－今の自分を位置付ける

【用語の解説】C.G. ユング（分析心理学の祖）は自分自身との対話の重要性を説いた。「過去の自分を振り返る」→「現在の自分を見つめ直す」→「将来の自分を思い描く」。

　一時期、某大手予備校講師の「いつやるか、今でしょ！」が流行語大賞（2013年度）に選ばれました。キャリアカウンセリング現場では"主訴の確認（来談目的の把握）"をする際に、「今ここにいる、私」という考え方を用いてクライアントと共に原点に立ち返るアプローチが基本になります。ところで、皆さんは自分が○○世代と形容されるのをご存知だろうか。例えば、団塊世代・バブル世代・団塊ジュニア世代・ゆとり／さとり世代・SNS世代…。育った時代背景から志向性も当然異なる。大事なことは、今の若者の価値観が10年後の日本の価値観になることです。

STEP-1　ワークにトライしてみよう！

Q.　自分の一生と見立てた円周上に、「現時点：★」と「戻りたい時点：☆」の2箇所へ印を入れ、その理由を下の［　］内に書いてみよう。（5～10分程度）

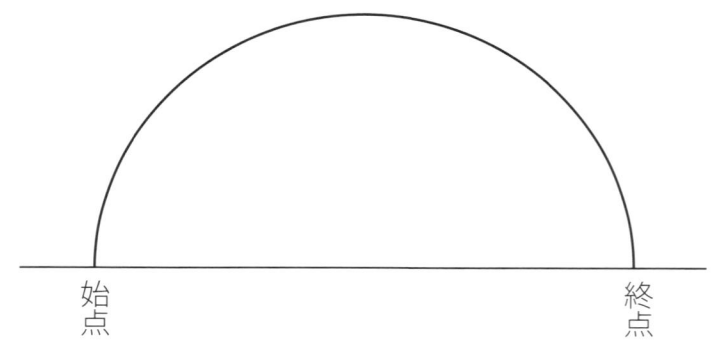

　　　　　　　　　始点　　　　　　　　　　　　終点

≪理由≫
［　　　　　　　　　　　　　　　　　　　　　　　　　　　　　　　　　］

≪板書説明≫高いモチベーションを維持するためには、外側からの"動機づけ"と内側から"やる気（達成感）"を引き出すことが重要になります。マクレランドはとくに後者の重要性を強調しています。しかし、これを維持・向上させるためには②や③のように、パートナーや支援者を巻き込むことが必要になります。

≪人間の動機とは≫　D.マクレランドの理論
① 達成動機
② 他人を支配したいというパワー動機
③ 他人と仲良くしたいという親和動機

●第3章—自分に立ち返る

STEP-2　時間学基礎論に基づく過去・現在・未来

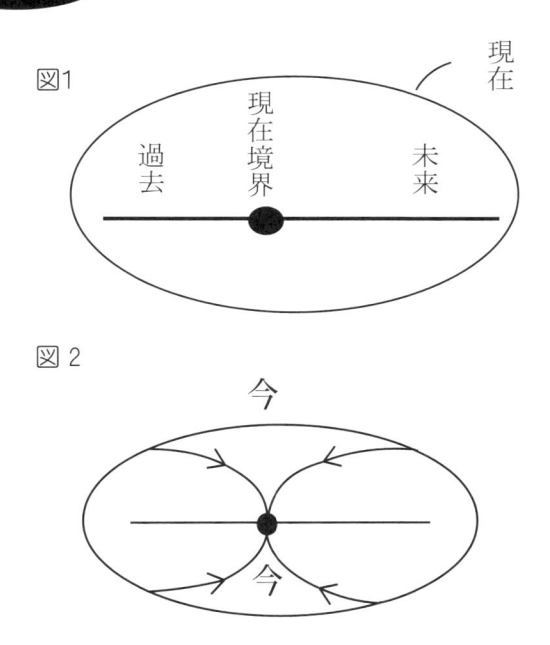

図1

　　　　　　　　　　　現在
　　　　　　　現在
　　過去　　　境界　　　未来

図2

　　　　　　　　今
　　　　　　　　↓
　　　　　　　　↑
　　　　　　　　今

出所：入不二（2000）pp10-11

　入不二（2002）は、図1を用いて、過去とは「想起」という仕方で現在経験であり、未来もまた「期待」という形で現在経験であると指摘しています。また、過去・現在・未来という3つの時制は、過去→現在→未来と横一線に並ぶのではなく、下の図2のように、高次（外側）の"今"が低次（内側）の"今"へと、縮退し続ける反復により時間性をとらえられると説明しています。要するに、"昨日は今日の昔"という諺があるように、昨日はわずか1日前であっても、もはや過ぎ去った過去になりますが、目標達成に向けた内的な動機づけは、連続性の中で生じると考える方が自然といえます。

STEP-3　自己診断してみよう！

　STEP-1でチェックした「現時点」と「戻りたい時点」を見比べてみると、2時点間の間隔は（ 大きい・ふつう・小さい ）と思った。ユングは40〜50歳を人生の正午（12時）とした。
　戻りたい時点以前の夢は＿＿＿＿＿＿＿＿＿＿＿＿＿＿＿＿＿＿＿＿＿＿＿であった。戻りたい時点以後の夢は＿＿＿＿＿＿＿＿＿＿＿＿＿＿＿＿＿＿＿＿＿＿＿＿＿＿＿＿＿＿＿＿＿＿＿である。

～Memo～

STEP-4　周囲に耳を傾けよう！

＊人生を生きていくのに一番大事なのは時間観念である（心理学者 ベテルハイム）
＊一日一生。一日は貴い一生である。これを空費してはいけない（内村鑑三）
＊運命とは何である。時計の針の進行が即ち運命である（幸田露伴『努力論』岩波書店）

■ポイント / 教訓

「いまここにいる自分」という実感がキャリアの原動力になる

■さらなる発展的学習のための参考文献

＊入不二基義『時間は実在するか』2002年、講談社
＊坂東眞理子『女性の品格—装いから生き方まで』PHP研究所

Ⅱ—気入編：現在を見つめ直す

23－わたしのルールブック

【用語の解説】 キャリア・アンカー（career anchor）とは、人生のキャリア選択において、他の誰にも譲れない欲求や価値観・能力のことです。たとえば、転職を経験している人なら、その時にどうしても外せない要件やこだわりが該当します。

　サーカスの小象のお話です。ずっと鎖につながれて育てられた小象は教わった芸もなかなかできず、失敗するたびにムチで叩かれ、辛い思いをし、何度も逃げ出そうとしました。でも、後ろの右足が鎖につながれ動けません。何度も何度も、鎖と杭を外そうとしましたが駄目でした。やがて小象は、逃げることをあきらめるようになりました。その後、サーカスで訓練された小象は成長して芸ができるようになりました。芸ができるようになると、褒められたり、大好物のリンゴをもらえたり、それなりに楽しい日々を過ごしていました。「自由になりたい」と時々考えることはありましたが、「自分は逃げることが出来ないんだから、しょうがない」「今のままでいいんだ」と思い込むようになりました。この象は本当に逃げられないのでしょうか？皆さんも自分で自分の限界を作っていませんか？

● STEP―1　ワークにトライしてみよう！

Q. 現在の「自分のあるべき姿」を5者（=5つの側面から捉えた自分）で表現してみましょう。
　　（15分程度）＊"〇者"としなくても構いません

例：5者の精神（理想の教師像）	あるべき自分	説明
学者		
医者		
易者		
芸者		
役者		

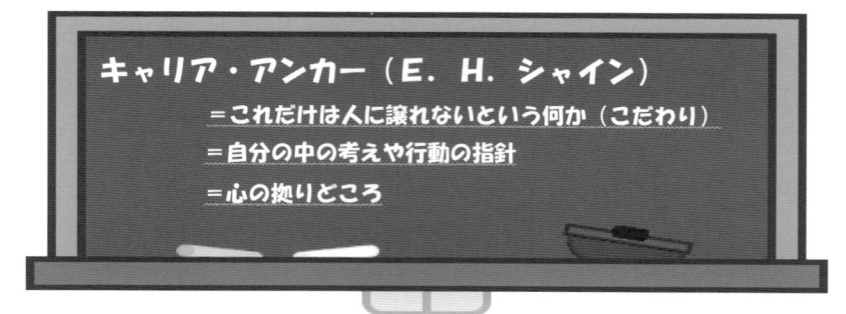

キャリア・アンカー（E. H. シャイン）
　=これだけは人に譲れないという何か（こだわり）
　=自分の中の考えや行動の指針
　=心の拠りどころ

≪板書説明≫
アンカー（anchor: 錨〈いかり〉）とは、船を留めておくために綱や鎖につけて水底に沈めておくおもりのことです。ライフワーク、人生哲学、信念（belief）が近い概念になります。

STEP-2　E. H. シャインのキャリア・アンカー

1	専門・職能別コンピタンス
2	全般管理コンピタンス
3	自律・独立
4	保障・安定
5	起業家的創造性
6	奉仕・社会貢献
7	純粋な挑戦
8	生活様式（WLB）

出所：E.H. シャイン（2003）

シャインは、人生の岐路において何らかの選択をしなければならないとき、自分の中で重要視する欲求や能力、価値観などの志向をキャリア・アンカー（職業生活の錨）と名づけ、左の8つに分類しました。

これらは生まれ持った特性ではなく、キャリアが発達していく過程で方向づけられていくものです。長い人生航路を沈没することなく渡り続けるための要です。

似たものとして「キャリア・ディレクション（1. 経営管理志向、2. 専門志向、3. 自律志向、4. 起業家志向、5. 安定志向）」がありますが、能力まで考慮しているキャリア・アンカーに対して、欲求や価値観のみに着目している点が異なっています。

STEP-3　自己診断してみよう！

これまでの自分の人生の中で、最もこだわってきたもの・ことは＿＿＿＿＿＿である。自分の志向性は、STEP-2の8つのキャリア・アンカーの中で＿＿＿番目の＿＿＿＿＿＿志向ということができる。

その理由は＿＿＿＿＿＿＿＿＿＿＿＿＿＿＿＿＿＿＿＿＿＿＿＿＿＿＿＿＿＿＿＿＿＿＿＿＿＿だからである。

~Memo~

STEP-4　周囲に耳を傾けよう！

＊カウンセリング用語でキャリア・アンカーというものがあります。これがなければ、いくら先を見ても上手くいかないような気がします。先を見て、次はこれをしようという計画が次々に浮かんでくるのは、自分のテーマや志を持っている人、先の展望をもちながらいまを生きている人だと思います。先を見て、今を精一杯生きることが大事です（國分康孝『18歳からの人生デザイン』2009年、図書文化社）

■ポイント/教訓

一度きりの人生をとことんこだわって生きる

■さらなる発展的学習のための参考文献

＊エドガー・H・シャイン著／金井壽宏（訳）『キャリア・アンカー：自分のほんとうの価値を発見しよう』2003年、白桃書房

II―気入編：現在を見つめ直す

24－マイスタンダードを知る

【用語の解説】クレド（[ラテン語]credo; わが信条）とは、会社の活動指針や企業の経営理念と同義として使われています。

　最近の就職活動生の多くは「自己分析→業界研究→企業研究」の順で企業を決めようとします。しかし、自己分析と業界研究の間に「どんな仕事がしたいのか（＝職種分析）」が不可欠になります。これを怠ると就職情報サイトの解禁後に情報過多となりエントリー先を絞り切れない事態に陥ってしまいます。就職活動はよくお見合いに例えられます。お見合いの場で就活生側（進路内定）と企業側（採用内定）とが情報共有しながら決まっていくものです。ですから、企業のこともさることながら、自分自身のことをある程度突き詰めて考える必要があります。

STEP—1　ワークにトライしてみよう！

Q. 以下の「自己発見シート」の質問表に対し当てはまると思う場合には右の回答欄の該当する番号部分に○をつけ、その数を合計しましょう。

＜質問表＞

1	新聞や経済系雑誌（漫画や情報雑誌以外）を読む習慣がある
2	友人や仲間どうしの集まりではリーダーシップをとる方である
3	人に話をするよりも人に話をしてもらう方が好きである
4	既存のものを大きく変えることに抵抗はない
5	目上の人に対するマナーに自信があり、時間を守る
6	日記をつけたり、ブログやツイッターをマメにやっている
7	物事を順序立てて話すことができる
8	人が話をしているときはきちんと反応してあげる（うなづき・あいづち）
9	ニュースや新聞などで分からないことがあればすぐに調べる
10	これまで働いた経験がある（パートやアルバイトを含む）
11	本屋や図書館を利用することが多い
12	LineやFacebookでつながっている友人が多い
13	周囲の状況を冷静に観察していることが多い
14	友人からの悩みや相談事にはすぐにでも手助けしてあげたい
15	○年後の自分が働いている姿が想像できる
16	新聞・雑誌に投書をしたり、文章を書くのは苦にならない
17	人前でもきちんと自分の意見を主張できる
18	自分の意見や考えを否定されてもすぐに感情的にならない
19	計画が立てられればすぐに実行する
20	将来の仕事に役立つ資格や検定の勉強をしている（取得済も含む）

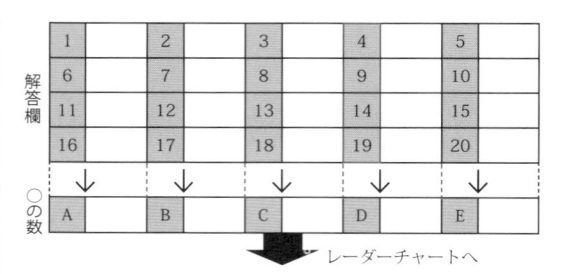

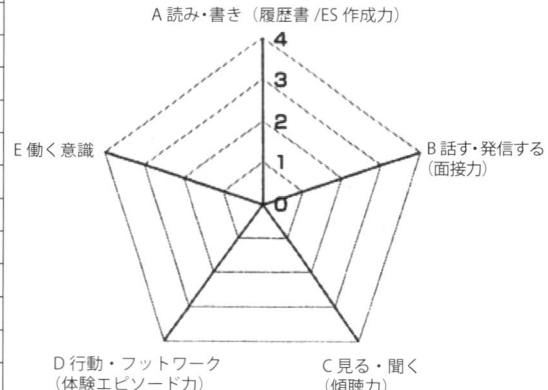

解答欄

	1	2	3	4	5
	6	7	8	9	10
	11	12	13	14	15
	16	17	18	19	20
○の数	↓	↓	↓	↓	↓
	A	B	C	D	E

→レーダーチャートへ

A 読み・書き（履歴書/ES作成力）
B 話す・発信する（面接力）
C 見る・聞く（傾聴力）
D 行動・フットワーク（体験エピソード力）
E 働く意識

【板書】
自分基準 VS 他人基準
↓
健全な仕事観

≪板書説明≫集団生活が営まれる会社や組織内では、自分と他者とを対立（VS）の概念で捉えるのではなく、ほぼ同等（≒）にすり合わせる工夫が必要です。たとえば国際社会においては日本もグローバル・スタンダードな視点が求められています。

● 第3章—自分に立ち返る

STEP-2　心の利き手⁉

　皆さんにも利き手、利き足があるのと同じように、心にも利き手があることを知っていますか？MBTIはユングの心理学的タイプ論をもとに開発された性格検査ですが、人は社会の中で、「こうあるべき」「ねばならない」という縛りにより、本来の自分とは違う心の働きをすることがあります。筆者も元々左利きで、幼少時にお箸と鉛筆の持ち方だけは矯正されて右手で使えるようなりましたが、利き手そのものは変わりません。それと同じで、絶対的な自分の心の働き方は変わらないといえます。

＜心の利き手に関する4つの視点＞

外交タイプ（自分の周りの出来事に注意を払う）	VS	内向タイプ（自分の周りの出来事に注意を払う）
感覚タイプ（いま起きていることを重視する）	VS	直観タイプ（いまより先のことに眼が向きやすい）
思考タイプ（論理的に物事を判断する）	VS	感情タイプ（自分の価値基準で判断する）
判断的態度（計画立てて行動する）	VS	知覚的態度（状況に応じて行動する）

出所：イザベル・ブリッグス・マイヤーズ『MBTIタイプ入門』(2011)

≪補足説明≫ H.B.ジェラット博士は、左脳だけでなく、右脳も使った探索的な意思決定の方法として、積極的不確実性(positive uncertainty)を唱えています。

STEP-3　自己診断してみよう！

　指を組んでみて、左親指が上（下）の人は情報のインプットは右脳（左脳）で行っており、腕を組んでみて、右腕が上（下）の人は情報のアウトプットは左脳（右脳）で行っているといわれている。自分の場合、情報のインプットは（ 右脳 ・ 左脳 ）で、アウトプットは（ 右脳 ・ 左脳 ）で行っていることがわかった。

～Memo～

STEP-4　周囲に耳を傾けよう！

＊あまり四角四面だったり、筋論者だったり、自分の考えに間違いはないなどと考える人は、人の心がわからなくなります。そうではなく、「○○であるに越したことはない」というように、「ねばならない」から少しでも解放された心理状態のほうが、人の心はわかりやすくなるわけです。

（カウンセリング心理学者　國分康孝）

■ポイント/教訓

自分自身がどうしたいかが絶対的基準になる

■さらなる発展的学習のための参考文献

＊ポーポー・ポロダクション『マンガでわかる行動経済学』2014年、SBクリエイティブ
＊出口治明『人生を面白くする本物の教義』2015年、幻冬舎

II―気入編：現在を見つめ直す

25－自覚的な人生行路

【用語の解説】人生行路（ライフコース）を自覚的（subjective）に生きることは、長い人生の各場面（シーン）でいかに主体的に物事を選択するかに関係します。問題を先送りにしないためにも"こころの砂時計（田坂 2012）"のようなタイムリミットを持つ考え方があります。

開発途上国の子供たちの現状は「5歳の誕生日を迎えられない子供：年間690万人」「栄養不良が原因で命を失う子供：年間230万人以上」「小学校に通えない子供：約6700万人」といわれます。
（ユニセフ・マンスリー・サポート・プログラム案内より）

STEP－1　ワークにトライしてみよう！

Q．いま、あなた自身が医師から残りの余命の宣告を受けた場合に何をしますか。３０日と３０年と２パターンで真剣に考えてみよう。（１０～２０分程度）

余　　命	何をして過ごすか？
３０日の命	
３０年の命	

≪参考≫ "死中に活を求める"という諺があります。絶望的な状況で生き延びる道を探すことから転じて、窮地における打開策として危険な手段も厭わないことのたとえを意味します。

必死 ｛ ①懸命に生きること　⇅対立概念…覚悟で埋め合わせ？　②必ず死ぬ ｝

≪板書説明≫死生観（view of life and death）とは人の生と死に関する考え方のことであり、健康と病気に関わる行動や宗教的な行動に影響を及ぼす個人の信念のことを指します。一見、相反する①と②をどのように説明すればよいのでしょうか？

●第3章―自分に立ち返る

STEP―2　「3人の石切職人」の話

　左の絵は、ある土地を旅行で通りかかった人が、教会の建設現場で働く3人の石切職人に「あなたは、何をしているのですか？」と質問をしている場面です。働く3人の職人さんの解答はまちまちでした。Aさん「日銭を稼ぐために働いているんだよ。お腹をすかして待っている家族がいるしな」、Bさん「俺はこの国一番の石切工を目指して日々頑張っているんだ」、Cさん「素晴らしい仕事だろ。だって、ここに教会を作ることで多くの人に安らぎを与えられるんだから。この仕事に誇りを持ってるよ」

　さぁ、何らかの就労経験がある人は自分の経験を踏まえて、A～Cのどの立場に最も共感できるかを考えてみよう。

STEP―3　自己診断してみよう！

　STEP-2で最も共感できるのは（ A さん・B さん・C さん）であった。その理由は＿＿＿＿＿＿＿＿＿＿＿＿＿＿＿＿＿＿＿＿＿＿＿＿＿＿＿＿だからである。
また、STEP-1をやってみて＿＿＿＿＿＿＿＿＿＿＿＿＿＿＿＿＿＿＿＿を感じたので、＿＿＿＿＿＿＿＿＿＿＿＿＿＿＿＿＿＿＿＿を心がけていきたい。

～Memo～

STEP―4　周囲に耳を傾けよう！

＊僕が死を考えるのは死ぬためじゃない。生きるためなんだ（アンドレ・マルロー『王道』講談社）
＊人生を大切に思うと言われるのか。それならば、時間を無駄使いなさらぬがよろしい。時間こそ、人生を形作る材料なのだから（ベンジャミン・フランクリン『フランクリン自伝』岩波書房）
＊あらかじめ死を考えておくことは自由を考えることである（モンテーニュ）

■ポイント / 教訓

揺さぶりをかけながらいまを精いっぱい生き切る

■さらなる発展的学習のための参考文献

＊田坂広志『未来を拓く君たちへ―なぜ、我々は「志」を抱いて生きるのか』2005年、くもん出版
＊前田隆弘『何歳まで生きますか？』2012年、PARCO出版

26－人生キャリアのリセット

【用語の解説】リセット（reset）とは、物事の動作状態をデフォルト（初期状態）に戻すことです。ストレス緩和のために他人と本音で話してお互いを認め合うコーピングという方法があります。

　クラスが荒れている学校現場に３人の新米教員が働いていました。ある時、学校行事をめぐって学生がトラブルを起こしました。各教員の受けとめ方は三者三様でした。１番目は「教育現場は大変だ。僕には向かない」と早々に辞職しました。２番目は「教育現場は大変だ。僕は良い先生ではない。ダメ人間だ」とうつになり休職しました。３番目は「教育現場は大変だ。僕は初職でこんな貴重な経験ができている」という文章を心の中に書きました。この３人目は筆者だったのです。

STEP−1　ワークにトライしてみよう！

Q．マイナス思考（例：自分は何の価値もない人間だ）の考え方が自分にとってどのように役立って、どの点が不利になっているかをリストアップし得点化してみよう。（１５分程度）

＜損得分析＞　*得点化の方法についてはそれぞれマイナス思考について「役立っている点＋不利になっている点＝１０点満点」で行いましょう。

マイナス思考	役立っている点	不利になっている点
	（　　点）	（　　点）
	（　　点）	（　　点）
	（　　点）	（　　点）
	合計得点　　　　点	合計得点　　　　点

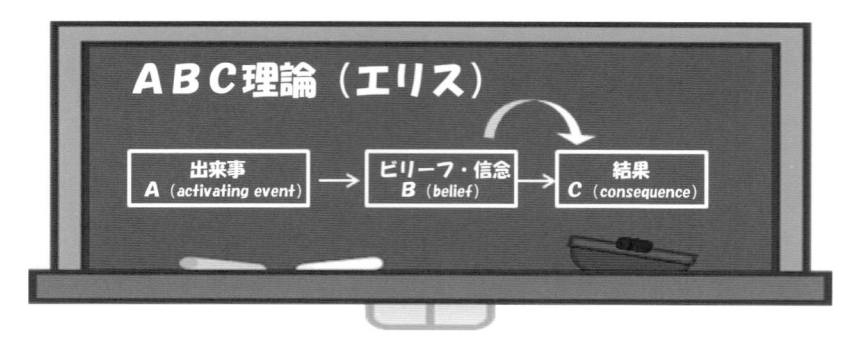

≪板書説明≫ストレスとはあるストレッサー（刺激）によって生体が歪められた結果、何らかの反応が迫ってくる状態と考えられます。エリスの論理療法に従えば、Cに悩み・ストレスが表れる原因はAではなくB（Aの受け止め方）になります。

ABC理論（エリス）

出来事 A（activating event）→ ビリーフ・信念 B（belief）→ 結果 C（consequence）

STEP-2　歪んだ思考リスト

1	全か無か思考	ものごとを白と黒のどちらかで判断しがちである
2	一般化のしすぎ	悪いことが1つあると世の中のすべてが悪いと考えがちである
3	心のフィルター	1つの良くないことにこだわり、そればかりくよくよと考え、目の前が暗くなる
4	マイナス思考	良い出来事を無視してしまい、日々の生活をマイナス捉えがちである
5	結論の飛躍	根拠がないものに悲観的な結論を出してしまう ＜心の読みすぎ・先読みの誤り＞
6	拡大解釈（破滅化）と過小評価	失敗を過大に考え、長所を過小評価しがちである（他人のことは逆に考えがちである）＜←双眼鏡のトリック＞
7	感情的な決めつけ	憂うつな感情は現実をリアルに反映している
8	すべき思考	何かをやる時に「〜すべき」「〜すべきでない」と考えがちである
9	レッテル貼り	極端な形の「一般化のしすぎ」である
10	個人化	何か良くないことが起こった時、自分に責任がなくても自分のせいに思いがちである

「白か黒か」「全か無か」という二分法的思考で悲観的な考え方に陥らないように気をつけましょう。

STEP-3　自己診断してみよう！

　STEP-1で書き出した3つのマイナス思考の合計得点を比べると、（ 役立っている点・不利になっている点 ）の方が高かった。そもそも、自分はSTEP-2の10個の中で＿＿＿＿＿＿＿＿＿＿が最も大きな歪みの要因になっていることがわかった。それはコントロール（できる・できない）ものであり、今後は＿＿＿＿＿＿＿＿＿＿＿＿＿＿＿＿＿＿＿＿＿な感じ方を大切にしていきたい。

～Memo～

STEP-4　周囲に耳を傾けよう！

＊人間を不安にするものは事物にあらず、事物についての意見なり（エピクテトス）
＊ヒーローと臆病者の違いは、本人の感じ方次第だ。ヒーローも臆病者も内心は怖い。問題は本人の行動力だ。ヒーローらしく振舞うことだよ（ボクシングトレーナー、カス・ダマト）
＊過ぎたことで心を煩わせるな（ナポレオン）

■ポイント／教訓

不安や恐怖は自分の考え方次第で変えられる

■さらなる発展的学習のための参考文献

＊和田秀樹『「うつ」だと感じたら他人に甘えなさい』2014年、PHP研究所
＊田中ウルヴェ京『コーピングの教科書』2008年、インデックス・コミュニケーションズ
＊小杉正太郎「ストレス研究の幕開け」『ストレス心理学』2002年、川島書店

Ⅱ―気入編：現在を見つめ直す

27―わたしの原点回帰

【用語の解説】「やりたいこと志向」：青年期における自己への志向性、心理学的特徴。自己選択という進路選びに役立つとする立場と進路未決定や不安・葛藤を高めるという立場がある（安達2004、下村2009）。就業について「やりたいこと」への過度の追求が曖昧な進路選択を促すとの指摘もある。

　幼き日、まだ西も東もわからぬころ、やさしい母からは時にきびしく、きびしい父からは時にやさしく、ハシの持ち方からクツのはき方まで、手に手をとって教えてもらった。密林のなかで動物に育てられた人間の子は動物みたいなふるまいになっていたという実例があったけれどもありがたいことにお互いは人間のなかに生まれ育てられ、たくさんの人びととの教えや導きをうけつつ、人間として成長してきたのである。それがいつのまにか、他人の言をおろそかにするようになる。われ成長せりと思うからだろうけれども、どんなに成長しても他人の言うことに耳を傾ける心を失ったら、それはもはや自分を失うことにもなりかねない。"初心にかえる"とは、あの幼き日、人に教えられ人に導かれていたあのころの、あの素直な心をとりもどすことではあるまいか。（松下幸之助『道をひらく・続』1988年、pp.24-25、PHP研究所）

STEP―1　ワークにトライしてみよう！

Q．自分が大切にするキーワードのすべてにチェックを入れましょう

□明るい	□やさしい	□慎重である	□ユーモアがある	□プラス思考
□誠実である	□打たれ強い	□気配り上手	□チャレンジャー	□頑張り屋さん
□ロマンチスト	□謙虚である	□柔軟である	□テキパキしている	□責任感が強い
□素直である	□冷静である	□エネルギッシュ	□コツコツと取り組む	□几帳面
□話し上手	□聞き上手	□体力がある	□人見知りしない	□アイデアマン
□センスが良い	□柔軟に対応する	□リーダーシップがある	□頼りがいがある	□すぐ立ち直る
□友達が多い	□計画的である	□同時並行でできる	□行動力がある	□好奇心旺盛
□人助けをする	□自分より他人	□表現力が豊か	□協調性がある	□常に前向き

　　チェックをしたもののうち、特に大切だと思うもの５つを選び、その理由を書きましょう。

順位　　項目　　　　　　　　　　　重視する理由
①
②
③
④
⑤

M.アーサーの３つの問いかけ
① 自分にはどのような強みがあるのか（how）
② なぜそれをやりたいのか（why）
③ これまでどのような関係性を築いていたか（whom）

≪板書説明≫
121頁のE.シャインの３つの問いでは、①が能力才能、②が意味価値や動機欲求に該当します。③はアーサーが独自に強調したかった要素になります。

● 第3章―自分に立ち返る

STEP—2 3つの気

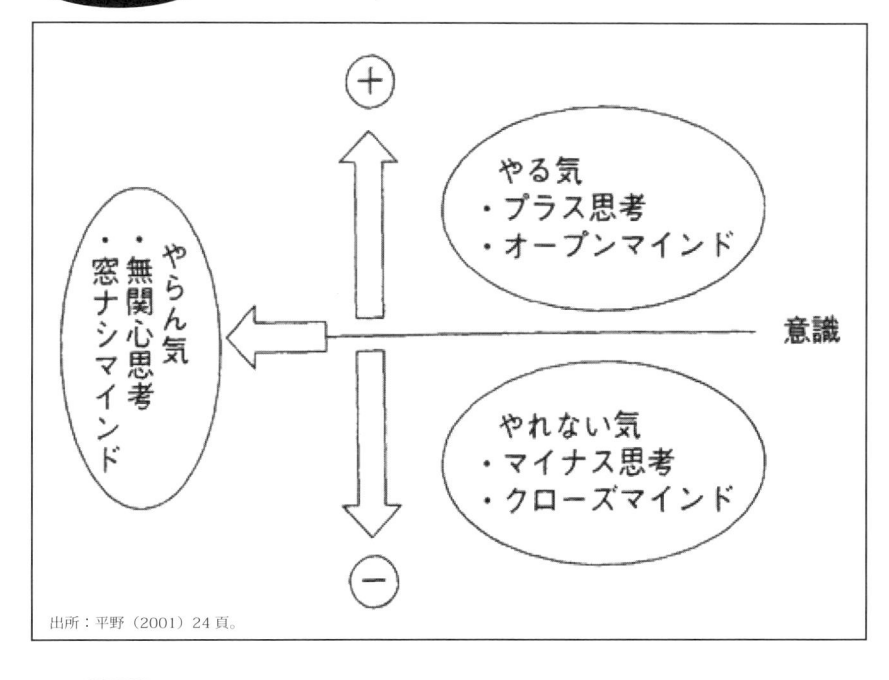

図中：
- やる気
  ・プラス思考
  ・オープンマインド
- やれない気
  ・マイナス思考
  ・クローズマインド
- やらん気
  ・無関心思考
  ・窓ナシマインド
- 意識

出所：平野（2001）24頁。

気には3つがあるといわれます。意識レベルが最も高いのは、心の向きもプラス志向・上昇志向である「やる気」です。

これに対して「やらん気」は最初から関わろうとしない無関心志向になります。

「やれない気」は意気消沈したマイナス思考でどんどん自分に限界を作ってしまうことになりかねません。

STEP—3 自己診断してみよう！

STEP-1から、自分らしさを一言で表すと＿＿＿＿＿＿＿＿＿＿＿＿＿だと思う。今の私はその自分らしさを（ 発揮した・発揮できていない・どちらでもない ）生き方をしている。その理由は＿＿＿＿＿＿＿＿＿＿＿＿＿＿＿＿であり、これから自分らしい人生を歩むために＿＿＿＿＿＿＿＿＿＿＿＿＿＿＿を心がけていきたい。

～Memo～

STEP—4 周囲に耳を傾けよう！

＊人々は他人のすることばかり気にしていて、自分の手近な義務を忘れがちです（ゲーテ『ゲーテ格言集』新潮社）

＊あなたたち自身の中を探しなさい。そうすれば、全てを見つけることができるだろう（ゲーテ『ゲーテの言葉』永岡書店）

■ポイント / 教訓

自己キャリアの主人公は自分自身である

■さらなる発展的学習のための参考文献

＊田中秀臣『偏差値40から良い会社に入る方法』2009年、東洋経済新報社
＊ウィリアム・ブリッジス（著）/ 倉光修・小林哲郎（訳）『トランジション』1994年、創元社

28−イメージトレーニング

【用語の解説】イメージトレーニング（イメトレ）とは、野球やボクシングのようなスポーツで活用されるトレーニング法の一種である。仮想相手と闘う自分を何度も思い描くことによって、技術や戦術を向上させ、雑念を払い、集中力を高めることに効果があるとされます。

「ここぞ！」という場面で、本来の実力を発揮できる人とできない人とは、どのような違いがあるのでしょうか？ 2013年4月3日メジャーリーガーのダルビッシュ有投手は9回2死、あと一人のところで完全試合を逃しました。人間の脳は「もうすぐ終わり」と思った時点で本能的に能力が落ちるそうです（自己報酬神経群）。ここ一番のプレッシャーがかかる時に強くなるには日頃からイメトレなどの訓練を重ねて冷静に対応することが大切なのです。

STEP−1　ワークにトライしてみよう！

Q. つぎの心理描画をやってみよう！いま、「蓋のあるゴミ箱」を倒してしまいました。倒れたゴミ箱の絵を描いてください（5分程度）（＊挿絵はあくまでもサンプルですので構わず書いてください）

≪板書説明≫負ける人のイメージ方法は、思いついた時にしかやらず、不都合なイメージが出てきた時に途中でやめてしまう傾向があります。そうではなく、勝つ人のイメージ方法を採用しましょう。いつでも、どこでも、何度でも、また、不都合なイメージが出てきた場合にはそれを乗り越える場面をイメージするようにしましょう。

プラス思考 or マイナス思考
- (−) 負ける人のイメージ方法　→途中でやめてしまう
- (+) 勝つ人のイメージ方法　→何度も繰り返す

● 第4章─自己キャリアを認める

STEP—2　イメージを定着させる方法

①通勤電車の中など、いつでもどこでも
イメージを浮かべてみる

イメージトレーニングは❶のように気が向いた時にするのではなく①のように"いつでも""どこでも""何度でも"行った方が効果は上がるとされる。あらかじめ本番を疑似体験しておくことは心の備えとなります。もし、ロールモデル（お手本となる人、理想とする人）がいる場合、"その人に近づきたい"という憧れよりも"その人に打ち勝つ自分"をイメージすると良いでしょう。注意をしたいのは、❷のように、自分自身の姿が周りの風景の中に映るような場合です。これでは傍観者になってしまうため、②のように、常に自分自身が主人公となって動いているイメージを心がけよう。

出所：前嶋（1991）173頁、179頁

STEP—3　自己診断してみよう！　＊解釈については127頁を参照

　STEP-1で描いたゴミ箱はあなたの無意識（本能的欲求の倉庫）を表しており、通常は本能的欲求を蓋（ふた）（道徳心）で閉じ込めて行動をセーブしている状態にあります。しかし、その蓋がとれた状態では、普段から溜め込んでいる欲求やストレスが姿を現します。こぼれ出た中身は（多く・少なく）、内容物は（燃やせるもの・燃やせないもの）であるから、＿＿＿＿＿＿＿＿＿＿＿＿
　　　　　　　　　　　　　　　　　　　　　　　　　　　　　　＿＿＿＿＿＿＿＿と考える。

STEP—4　周囲に耳を傾けよう！

＊活力をもたらすものは精神である（新渡戸稲造『武士道』岩波書店）
＊克己は勝利の最大なるものなり（プラトン）

■ポイント / 教訓

> イメージトレーニングの強化でここ一番に強くなる

■さらなる発展的学習のための参考文献

＊内海英博『人の10倍仕事をやり抜くメンタルトレーニング』2003年、日本実業出版社
＊齊藤勇『心理絵画テスト心の不思議館』1993年、学習研究社
＊前嶋孝『勝つためのイメージトレーニング』1991年、ごま書房

Ⅱ―気入編：現在を見つめ直す

29－幸福度指標

【用語の解説】２０１１年、経済協力開発機構（OECD）が発表した国内総生産（GDP）に代わる国民の豊かさを測る指標で、「良い暮らしの指標（＝ベター・ライフ・インデックス：ＢＬＩ）」があります。つまり、物質的な豊かさだけでは幸せは図れない時代になっているのです。

　映画『Always 三丁目の夕日'６４』をご覧になられた人も多いことでしょう。かつては、目の前にある希望を叶えるべく、一生懸命に働いたり、せっせとお金を貯めたり、新しいことに勇気をもってチャレンジしていくことができる時代がありました。しかし、現代は誰にでも希望が与えられるような時代ではなくなったともいわれます。希望は個人の内面の問題として心理学の対象とされてきましたが、近年そこに社会科学の視点を持ち込み社会的背景などを分析する研究が始まっています（日本経済新聞 2013 年 10 月 17 日 25 面）。

STEP―1　ワークにトライしてみよう！

Q. 皆さんの身の回りで、"希望"というワード使われているものを思いつくままに書き出してみましょう！そしてあなたが考える希望を定義してみましょう。

希望がつくワード 例：大盛り希望 　　希望の轍 　　希望的観測	
希望とは何ですか （あなたが考える希望の定義づけ） 例１：夢を抱くこと 例２：夢を叶えること	【希望の定義】

≪板書説明≫東京大学社会科学研究所グループによる希望学プロジェクトは、2006 年 1 月に 20 〜 59 歳の全国約 2,000 名（釜石市市民を中心）を対象に行ったアンケート調査の結果から、希望は単なる個人の心の持ち様ではなく、個人を取り巻く社会の在り様（環境要因）との関係性に起因することを指摘しています。

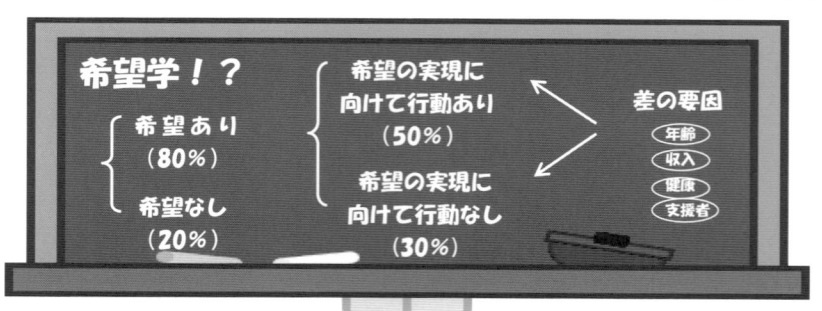

希望学！？
希望あり（80％）
　希望の実現に向けて行動あり（50％）
　希望の実現に向けて行動なし（30％）
希望なし（20％）
差の要因：年齢／収入／健康／支援者

●第4章—自己キャリアを認める

STEP-2　幸福度指標の国際・国内比較

総合順位		基本指標	健康分野	文化分野	仕事分野	生活分野	教育分野
1	長野県	7	1	25	5	2	23
2	東京都	1	17	1	9	46	17
3	福井県	10	16	44	1	3	1
4	富山県	19	6	37	6	1	4
5	滋賀県	2	2	18	10	6	32
43	徳島県	40	23	47	31	44	34
44	宮城県	17	8	41	46	37	45
45	青森県	44	45	43	44	5	14
46	高知県	47	47	25	39	41	41
47	沖縄県	36	15	45	47	47	47

ライフ・ランク

長野県はロゴマークでPR

（注）基本指標：各分野の数字は47都道府県中の順位

長野県民は幸せ者
一般財団法人・日本総合研究所による都道府県別の幸福度ランキングでは長野県がトップ。北陸や関東など列島中心部の都道府県が上位に入る一方で、沖縄や青森は下位だった。人口増加率や所得水準など5分野の基本指標と、健康・教育など5分野各10項目を合わせた計55項目でランキングを算出。総合4位の富山はインターンシップ実施率や道路整備率など4項目がトップで、他項目も上位だった。都市部では神奈川7位、愛知12位に対し、大阪は仕事・生活分野の数値が低く、42位だった。

出所：『日本経済新聞（2013年5月20日夕刊2面）

1974年に米国の学者リチャード・イースタリンが著書『幸福の逆説』の中で、1人当たりのGDPが増えても国民の幸福感が高まるとは限らないことを示しました。

ちなみに、2012年の日本の幸福度指標は36か国中21位（2011年は19位）に低迷しています。「安全」や「教育」では最高水準ですが、「仕事と生活の調和（34位）」や「生活の満足度（27位）」は低い評価になっています。理由として、週50時間以上働く人が29.5％を上回っていること、1日のうち余暇や睡眠、食事に充てる時間の割合は60％でありOECD各国平均（64％）を下回っている点が挙げられます。

STEP-3　自己診断してみよう！　＊解答は127頁を参照

希望とは「好ましい事物の実現を望むこと」という意味であるが、STEP-2の幸福度指標から、わが国は物的以外の豊かさの面で（① 高い ・ 低い ）とはいえない。また、希望学（希望の社会科学）の研究からは、希望を持つ人の中でその実現のために行動に移せるか否かは、"応援してくれる人の存在"が鍵となっていた。自分の場合、＿＿＿＿＿＿＿＿＿＿に支援をしてもらえれば、＿＿＿＿＿＿＿＿＿＿という希望を叶えられる可能性が高まるかもしれない。

~Memo~

STEP-4　周囲に耳を傾けよう！

＊希望に生きる者はつねに若い（三木清）
＊好奇心はいつだって新しい道を教えてくれる（ウォルト・ディズニー）
＊絶望のそばにそっと希望がある（漫画家 やなせたかし）

■ポイント／教訓

希望とは選択範囲を広げて実現可能性を高めることである

■さらなる発展的学習のための参考文献

＊玄田有史『希望のつくり方』2010年、岩波書店
＊山田昌弘『希望格差社会：「負け組」の絶望感が日本を引き裂く』2007年、筑摩書房

II―気入編：現在を見つめ直す

30－キャリアの失敗学

【用語の解説】　リフレーミング（reframing）とは、心理カウンセリングの家族療法の用語です。同じ事柄でも人によって見方や感じ方が異なるように、ある枠組み（frame）で見たら長所になることも、別の枠組みで捉えると短所にもなるということも多々あります。

"無い物ねだり"とは、自分にない物を欲しがったり、実現できないことを無理に望むことですが、将来の就職活動のみに注目する大学2～3年生は自分に自信が持てず、常に充足感が得られず必要以上に不安になったり、無力感に苛まれることになりかねません。まずは、過去の経験の棚卸し（自己分析）を冷静に行い、多面的に自分を捉えることが大切です。「自分はこうだ」とレッテルを貼らずにリフレーミングをすることで新たな自分を発見できることもあります。

● STEP-1　ワークにトライしてみよう！

Q.「人生最大の失敗・屈辱からのフィードバック」にチャレンジしよう（20～30分程度）
＊ ①自分の中で最大の失敗経験（1つ）を思い出す→②4つの問いに答えながら、失敗経験から学びを得ましょう。

＜人生最大の失敗談＞

いつ・どこで・何があった	体験エピソード

＜人生最大の失敗談からのフィードバック＞

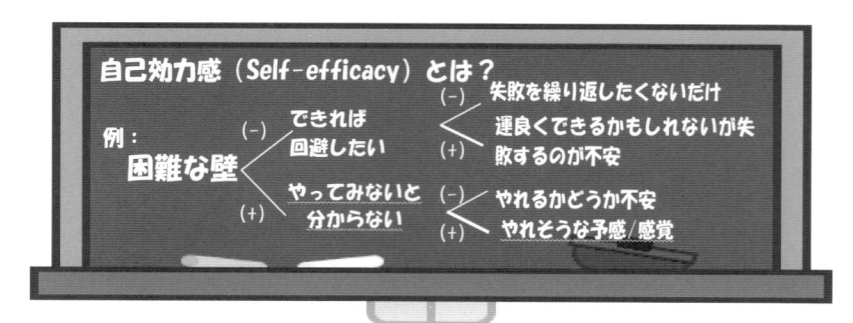

1）この失敗から何を学んだか？	
2）この失敗の原因は何であったか？	
3）この失敗を繰り返さないためには？	
4）この失敗の損失を補うには、今後どのような方策や行動がとれるか？	

≪板書説明≫ 4本のルートがパターンとして考えられます。仮に、困難な局面において、いくら能力や技量が備わっていたとしても、4つ目（最下段）の"やれそうな予感／感覚"がなければ行動に踏み出すことは困難になるかもしれない。この感覚のことを心理学者、A．バンデューラは**自己効力感**と呼んでいます。

自己効力感（Self-efficacy）とは？

例：困難な壁
- (-) できれば回避したい ← 失敗を繰り返したくないだけ
- (+) 運良くできるかもしれないが失敗するのが不安
- (-) やってみないと分からない ← やれるかどうか不安
- (+) やれそうな予感／感覚

●第４章―自己キャリアを認める

STEP—2　キャリア選択における自己理解（コップの理論）

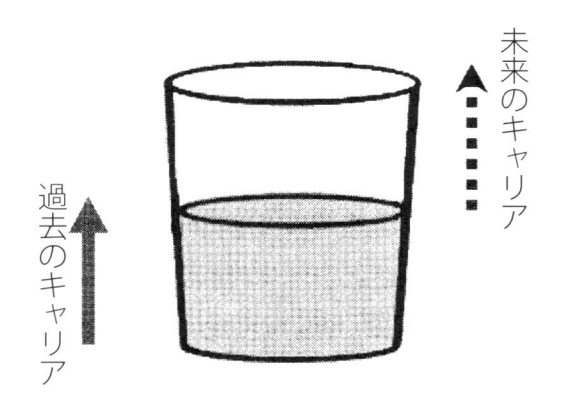

（図：コップに半分入った水。左側に「過去のキャリア」↑、右側に「未来のキャリア」↑（点線））

人は成長段階に応じて、ライフ・イベントを通過しながら次なるステージに踏み出すことになりますが、常にそれまでに培われてきた能力・経験・内面性がその基盤を形成していくのです。

リフレーミングの例として、左図を見てみよう。コップに入っている汗水は「自分の過去からの努力の結晶（累積）」と考えます。

水面からコップの縁までの空間は「これから待ち受ける未来」とします。さて、この半分まで汗水が入ったコップをどのように捉えればよいでしょうか？「①半分しか水が入っていない」「②半分も水が入っている」という２通りの考え方ができますが、キャリアを選択する際には後者の視点をとります。つまり、**過去の自分の延長線上に将来の自分のキャリアを見通すことが重要なのです。**（参考：宮城まり子他『日本生産性本部キャリアコンサルタント養成講座テキスト』）

STEP—3　自己診断してみよう！

失敗は人間が神でない限り避けることはできないし、失敗のない人生が充実した人生とも限らない。STEP-1における人生最大の失敗を改めて振り返ってみると＿＿＿＿＿な気持ちがする。
また、見方を変えると、その時の失敗経験があったからこそ＿＿＿＿＿という考え方もできるだろう。自己効力感を高めていけば＿＿＿＿＿もできそうである。

～Memo～

STEP—4　周囲に耳を傾けよう！

＊未来のことはわからない。しかし、われわれには過去が希望を与えてくれるはずである（ウィンストン・チャーチル『イギリス国民の歴史』篠崎書林）
＊悲しみ、苦しみは人生の花だ（坂口安吾『悪妻論』パンローリング）
＊過ぎたことで心を煩わせるな（ナポレオン）
＊"負け"に負けるな！（川崎新田ジム会長、元プロボクサー 新田渉世）

■ポイント／教訓

過去と他人は変えられないが将来の自分は変えられる

■さらなる発展的学習のための参考文献

＊尾車浩一『人生 8 勝 7 敗 最後に勝てばよい』2013 年、潮出版社
＊木下晴弘『涙の数だけ大きくなれる！』2008 年、フォレスト出版

Ⅱ―気入編：現在を見つめ直す

31―自分を物語る

【用語の解説】　自己物語法とは、生涯発達心理学やナラティブ心理学分野における自己理解のための手法のひとつです。漠然とする人生のビジュアル化（＝視覚的に捉えること）が可能になります。

　日々の食事や運動、健康状態、家計などをデジタル機器を使って記録する「ログ活（ログ活動）」が注目を集めています。ログは英語で記録を意味します。日々の生活を記録するので「ライフログ」とも呼ばれます。蓄積した記録を基に将来の目標を立てたり、インターネットを介して成果を競ったりできる点が人気のようです（読売新聞 2013 年 9 月 24 日朝刊 20 面）。

STEP―1　ワークにトライしてみよう！

Q．人生双六(すごろく)で自分のライフストーリーを作成してみよう（15 ～ 20 分程度）

＊[作成上のルール] 全部で２５マスにする。最初の「START(誕生)」、最後の「GOAL(死)」、および「現在」の３マスは必ず入れること（これらの３つを含めて２５マスにする。ただし、「現在」の位置は自由に決めてよい）。

≪板書説明≫過去の棚卸しを活字で行う自分史に対して、自己物語法は、活字で表現しにくいものまで図・絵でビジュアル化できるというメリットがあります。ビジュアル・キャリア・ナラティブともいいます。

self-history / self-story ?

自分史	自己物語
過去の棚卸し	自分の人生を１枚の絵にストーリー化
活字化	ビジュアル化

●第4章―自己キャリアを認める

STEP-2　自己表現としてのブログ活用法（例：キャリアのパワスポ）

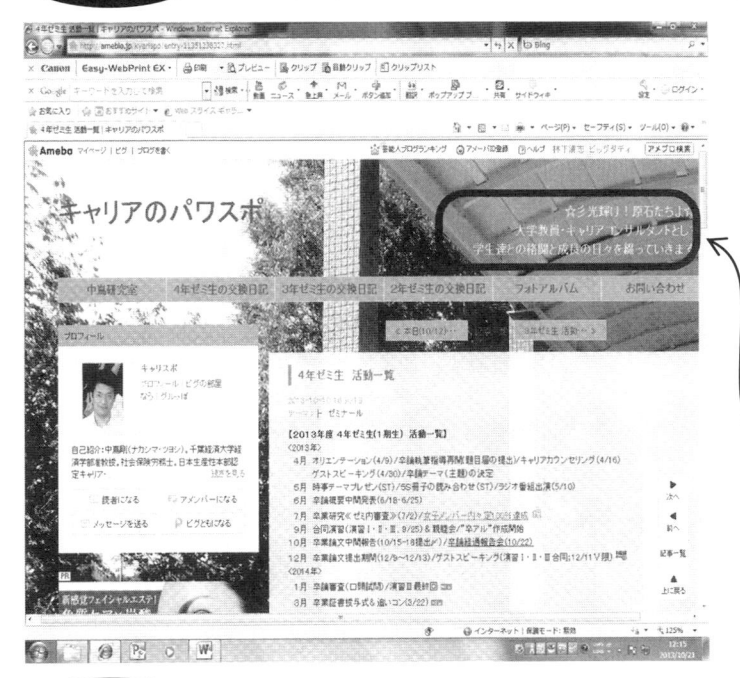

自己表現方法としてのブログの作成をおススメします。私は大学ゼミでブログ『キャリアのパワスポ』（左図）を執筆していますが、ポートフォリオ（Portfolio；活動記録）として、活動の振り返りや棚卸しに大いに役立っています。

さらに、トップ画面のメッセージ欄を駆使すれば、Web上での"名刺戦略"や"自己啓発戦略"としての活用も可能になります。

＜参考例（画面の丸枠内）＞
"☆彡光輝け！原石たちよ☆彡
大学教員・キャリアコンサルタントとして、学生達との格闘と成長の日を綴っていきます！"

STEP-3　自己診断してみよう！　＊解釈については127頁を参照

STEP-1において、25マスのフェーズで作った自己物語を見返してみると、自分で置いた「現在」は10マス目より（ 先・同じ・手前 ）の位置にある。このことから、"今"を生きる自分が思い描く将来のライフ・イベントは（ 多い・ふつう・少ない ）と想像できる。

最も近い将来に＿＿＿＿＿＿＿＿＿＿＿＿＿＿＿＿＿＿＿＿＿＿＿＿＿＿＿を実現させたい。

~Memo~

STEP-4　周囲に耳を傾けよう！

＊自己を開くには、あるがままの自己を受け容れていくことが前提となります。これがいわゆる人間的な人、人間味のある人です。英語にヒューマニスティックという言葉がありますが、人間性豊かな人とは、自己受容の人です。自己受容の結果として、自己を語れる人になります。これがカウンセリング心理学から見た好ましい人物像であると私は思っています（カウンセリング心理学者 國分康孝）

■ポイント／教訓

語り多きヒストリーとストーリーが人生を豊かにしてくれる

■さらなる発展的学習のための参考文献

＊金井壽宏『仕事で「一皮」むける―関経連「一皮むけた経験」に学ぶ』2002年、光文社
＊川村真二『80の物語で学ぶ働く意味』2017年、日本経済新聞出版社

Ⅱ―気入編：現在を見つめ直す

32－愛着ありきのキャリア形成

【用語の解説】アイデンティティ（identity: 自己同一性）。グローバルな社会では、モノ・カネ・情報はもの凄いスピードでバウンダリー（境界）を越えていきますが、一方で特定の会社や土地（地元）への愛着ゆえに簡単に辺境を越えていかない固有のものが存在します。

「ゆるキャリ」という言葉を生んだエッセイストの葉石かおり（47）自身、ゆるキャラだ。雑誌記者としてがむしゃらに働いた時の反省から、1ヵ月の半分は東京で仕事し、半分は京都で私的な時間を満喫する。家族と過ごしたり美術鑑賞したり充電することで仕事への意欲も増すという。「ゆるキャリはただのやる気のない社員ではなく、自分自身が商品。視野が広く人としての豊かな経験を仕事に生かす彼女たちは、企業にとっても財産」と指摘する。社員の滅私奉公が会社の成長を支えるというのはもはや幻想。多様な価値観が生み出す化学反応こそが新たな可能性を開く（日本経済新聞2013年6月27日号朝刊1面）。

STEP-1　ワークにトライしてみよう！

Q．昨今の"ゆるキャラ"ブームにあやかり、自分自身の個性・特徴を「ゆるキャラの絵」で自由に描いてみよう。（10～15分程度）＊難しい場合は出身地やニックネームなどから考えてみよう！

例：千葉経済大学附属高等学校のマスコットキャラクター

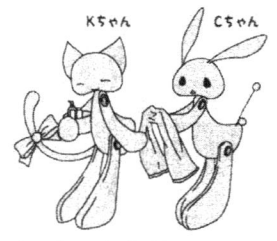

http://www.cku-h.ed.jp/mascot_character より引用

【補足説明】ゆるキャラとは、「ゆるいマスコットキャラクター」を略で、イベント、各種キャンペーン、地域おこし、名産品の紹介のような地域全般の情報PR、企業・団体のコーポレートアイデンティティなどに使用するマスコットキャラクターのことです。

地元愛着の3要素（Moore and Grsefe 1994）
＊地元依存性　＊地元定着性　＊地元同一性

≪板書説明≫実際に、町役場職員・消防士・JA職員など地元就業者2,621人を対象とした中嶌（2014）の調査では、地元愛着が3因子構造であることを確認しています。ちなみに、地元依存性とは「地元を良くしたい・地元民と繋がっていたい」という志向であり、地元定着性とは「地元の居心地の良さ」、地元同一性とは「もともと地元好き・地元に対する誇り」などの志向のことをいいます。

●第4章―自己キャリアを認める

STEP-2　地元愛着モデル (Hypothetical Model of Place Attachment) Kusuma H.E.(2008)

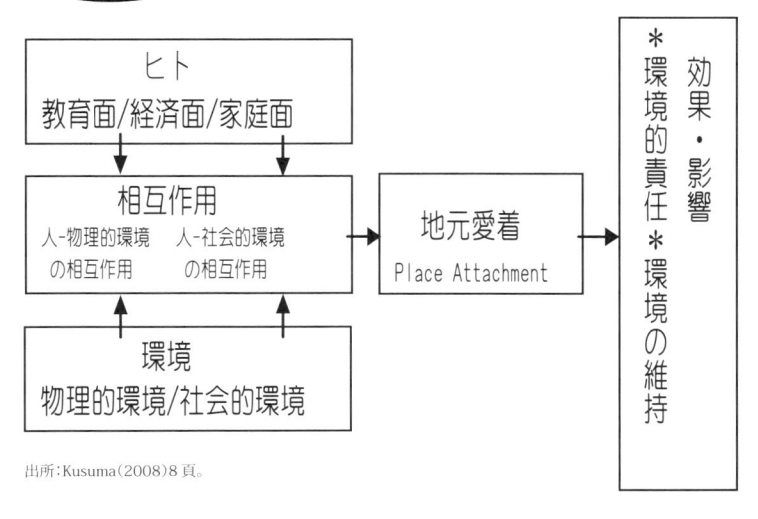

```
┌─────────────────────┐
│         ヒト        │
│ 教育面/経済面/家庭面│
└──────────┬──────────┘
           ↓
┌─────────────────────┐         ┌──────────┐         ┌──────┐
│       相互作用      │────────→│ 地元愛着 │────────→│効果・│
│ 人-物理的環境 人-社会的環境│  │Place     │         │影響  │
│ の相互作用    の相互作用  │  │Attachment│         │*環境的│
└──────────↑──────────┘         └──────────┘         │責任  │
           │                                          │*環境の│
┌─────────────────────┐                               │維持  │
│        環境         │                               └──────┘
│ 物理的環境/社会的環境│
└─────────────────────┘
```

出所：Kusuma(2008)8頁。

2009年に日本創成会議が発表した消滅可能性都市とは、全国の市町村のうち人口減少により行政サービスの維持が困難になってしまう896自治体のことです。母校の小学校を統廃合で失った中高年層による週末婚やUターンの動きもみられます。

左図のKusuma（2008）のモデルでも、個人的要因と環境要因の相互作用により生じる地元への愛着が、地域貢献や地域の活性化にプラスの効果をもたらす可能性が示されています。

STEP-3　自己診断してみよう！

自分にとっての地元は＿＿＿＿＿＿＿＿＿である。そこに住んで＿＿＿年くらいになる。STEP-2からは、自分の地元への愛着は（　強い方　・　ふつう　・　弱い方　）だと思う。とくに、地元との結びつきでは（　地元依存性　・　地元定着性　・　地元同一性　）が一番強い気がする。その理由は＿＿＿＿＿＿＿＿＿＿＿＿＿＿＿＿＿＿＿＿＿＿＿＿＿＿＿である。

～Memo～

STEP-4　周囲に耳を傾けよう！

＊非難や争いが巨大化すれば、搾取や戦争の姿をとります。自分だけを大切に思い、自分だけが苦しみを逃れ、幸せを手に入れようと思うがゆえに、あるいは自分だけが豊かさを享受し名声を手に入れようとするがゆえに、多くの悪しき行為を積んでいくのです。他者を見下ろし、逆に他者の成功や幸せに対して素直に祝福できないばかりか、耐えがたいジェラシィを覚えるのです。自分に対する些細な不評であっても気に病み、怒りだすこともあるでしょう。疑心暗鬼になり、周囲のすべての者が敵のように見えるようになるのです。自分に対する理解者や援助者がいないように思え、どのような人に出会っても、うちとけられずにいるのも自己愛着のせいです。　出所：『チベット密教心の修行』

■ポイント／教訓

自分の大切にする境遇を最大限に活かす

■さらなる発展的学習のための参考文献

＊中嶌剛「地元愛着の階層性と就業構造」『経済学論叢（中尾武雄教授古稀記念論文集）』第65巻第4号、2014年
＊山田洋次・田中孝彦『寅さんの人間論（岩波ブックレットNo.162）』1990年、岩波書店

Ⅱ―気入編：現在を見つめ直す

33―人生キャリアの散歩道

【用語の解説】バウンダリーレス（境界なき）・キャリアとは「職務や組織の壁を越えて築いていくキャリア」のことです。ケ・セラセラ（成り行き任せ）。米国の全労働者の20％がこの生き方をしているといわれます。⇔ひとつの組織内で築くキャリア（ストレートキャリア；一企業キャリア）

元プロボクシングの世界王者の平仲明信は、地元である沖縄のジムから世界タイトルを取ることにこだわり、大手ジムやスポンサーの力を使わずに、自ら世界戦交渉を行った。ようやく実現した初の世界戦は地元判定に泣く結果となり、その後も大きな試合に恵まれませんでした。2度目の世界戦が決まったのは試合の3週間前でした。もともとスロースターターだった彼は短期決戦を仕掛ける戦法をノンタイトル戦の試合の中で矯正していた結果、見事1R98秒KO勝ちで世界タイトルを奪取したのです。

STEP―1　ワークにトライしてみよう！

Q．仮に、今の立場（家庭人・学生・会社員）になかったと仮定すれば、あなたはいま何をしていたでしょうか。（10～15分程度）

その家庭に 生まれていなかった場合	
その最終学校に 通っていなかった場合	
その職業に 就かなかった場合	

≪板書説明≫転職支援サイトでは"キャリアアップ"というキャッチフレーズをよく目にしますが、常に上昇とは限りませんね。たとえば、1本の竹(竹刀)のように一本道を前提にしながら、ところどころで節目を迎えるという考え方もできます。

キャリアのイメージ＝一本道？
　　　　　　　　　＝ジグザグキャリア？
　　　　　　　　　＝良いキャリアとは？

●第4章—自己キャリアを認める

STEP-2　プロティアン・キャリア (Protean Career)：ダグラス・ホール

　昨今のような変化が激しい時代においては、キャリアは組織ではなく、個人によって管理すべきものだとホール博士は主張します。移り変わる変化に対して、自分の欲求に見合うようにその都度、変幻自在に対応していくキャリアの築き方を唱えました。つまり、雇用保障が見込めない状況下では、アイデンティティ（自分らしさ）とアダプタビリティ（順応性）を大事にした組織や職種の枠組みに縛られすぎない自由な生き方の重要性を指摘しています。

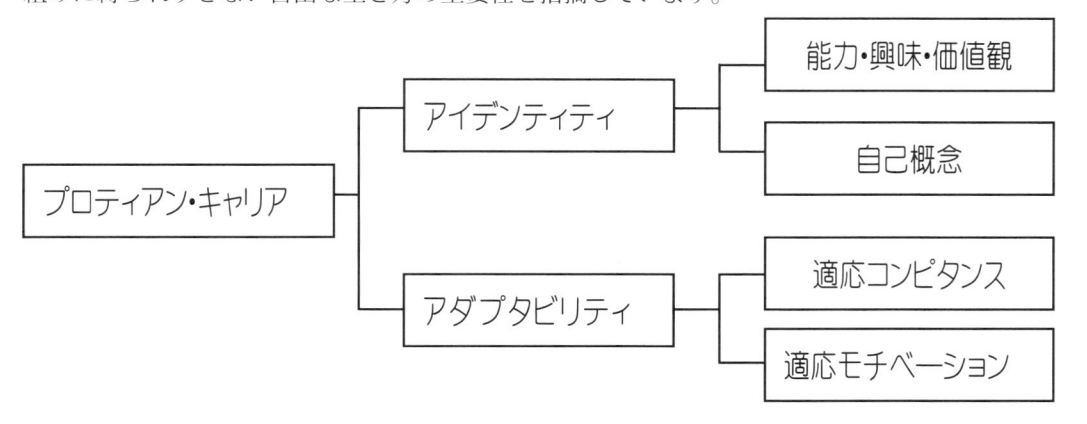

```
                              ┌─ 能力・興味・価値観
              ┌─ アイデンティティ ─┤
              │                └─ 自己概念
プロティアン・キャリア ─┤
              │                ┌─ 適応コンピタンス
              └─ アダプタビリティ ─┤
                              └─ 適応モチベーション
```

出所：渡辺（2003）116-117頁より作成。

≪補足説明≫プロティアンとは変幻自在に姿形を変えるプロテウス（神の名）からとったものです。

STEP-3　自己診断してみよう！

　自分のキャリアは、どちらかと言えば（ ストレートキャリア・ジグザグキャリア ）で来たように思う。その理由として_____があった。
その中でも、自分では_____
_____は誇れるところである。

~Memo~

STEP-4　周囲に耳を傾けよう！

＊頂上への楽な道などない。それなら自分なりにジグザグに登ればいい（ヘレン・ケラー）
＊人はどんなものでも決して捨つべきものではない。いかに役に立たぬといっても、必ず何か一得はあるものだ（勝海舟『氷川清話』講談社）

■ポイント/教訓

寄り道や立ち止まることは後退ではない

■さらなる発展的学習のための参考文献

＊國分康孝『18歳からの人生デザイン』2009年、図書文化社
＊山岡淳一郎『ボクサー回流－平仲明信と「沖縄」の10年』1999年、文芸春秋

II—気入編：現在を見つめ直す

34－人生キャリアの分け前

【用語の解説】分け前・取り分、配分（クオータ：quota）。たとえば、「クオータ制度」とは男女間格差を是正するための方策として、議員・閣僚・会社役員などの一定枠を両ジェンダーに割り当てる制度のことです。コスタリカのように国会の約4割が女性議員のような国もあります。

ワインやブランデーの製造過程では十数年から数十年の歳月をかけて樽で熟成させます。熟成中は酒に含まれる水分やアルコール分の一部が蒸発するため最終的な製造量が目減りしてしまいます。その目減り分を天使の取り分（分け前）といいます。

STEP-1 ワークにトライしてみよう！

Q. いまの自分の仕事（学校）と趣味の状況の各4つずつを8段階レベルで評価したうえで右のマップのスコアを塗りつぶしてみよう。（15～20分程度）

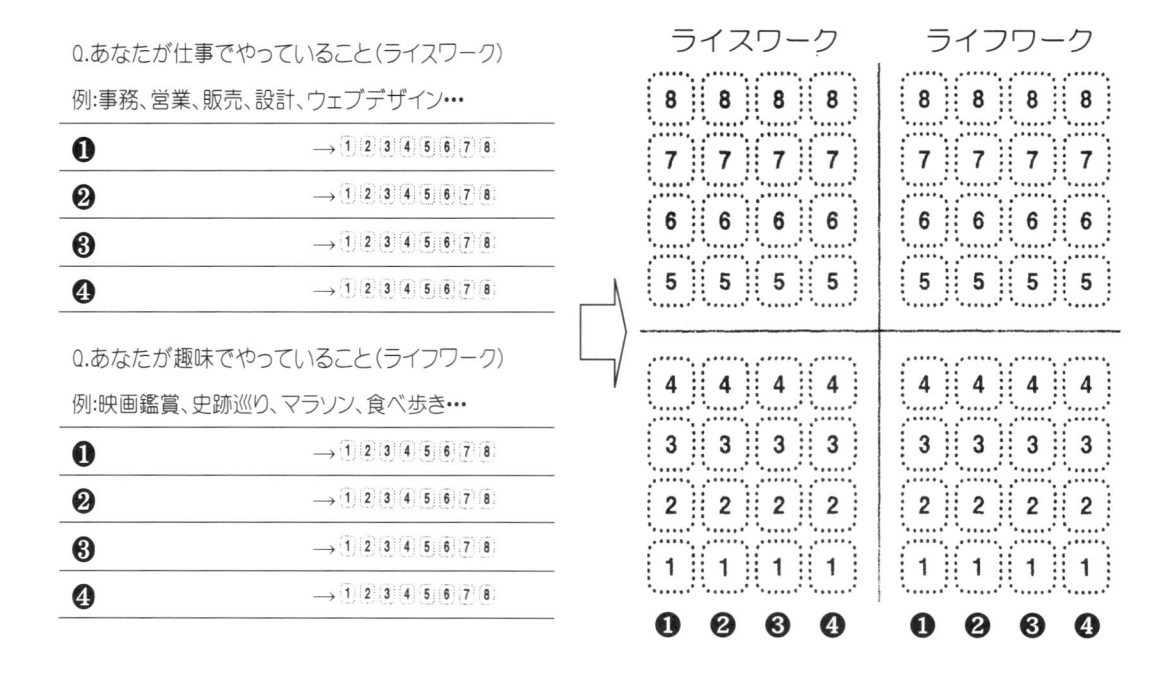

Q.あなたが仕事でやっていること（ライスワーク）
例:事務、営業、販売、設計、ウェブデザイン…
- ❶ ──────── → 1 2 3 4 5 6 7 8
- ❷ ──────── → 1 2 3 4 5 6 7 8
- ❸ ──────── → 1 2 3 4 5 6 7 8
- ❹ ──────── → 1 2 3 4 5 6 7 8

Q.あなたが趣味でやっていること（ライフワーク）
例:映画鑑賞、史跡巡り、マラソン、食べ歩き…
- ❶ ──────── → 1 2 3 4 5 6 7 8
- ❷ ──────── → 1 2 3 4 5 6 7 8
- ❸ ──────── → 1 2 3 4 5 6 7 8
- ❹ ──────── → 1 2 3 4 5 6 7 8

ライスワーク｜ライフワーク（8段階評価マップ、各4項目）

≪板書説明≫総務庁統計局（平成18年度）の<u>男女別の家事分担時間が男性40分、女性3時間40分</u>というデータはいかに日本の男性サラリーマンがライスワークに傾倒しているかを示しています。皆さんも自分の場合のライスとライフの割合について考えてみましょう。

ライスワーク（仕事） ／ ライフワーク（趣味）

●第4章─自己キャリアを認める

STEP─2　日本男性の家事・育児参加の実態

　夫の休日の家事・育児参加の度合と第二子出生とが関係していることがわかります。夫がまったく家事・育児に参加していない場合、第二子を出生している割合は9.9％にすぎませんが、参加時間が長くなるほど第二子を出生する割合が高くなっています。

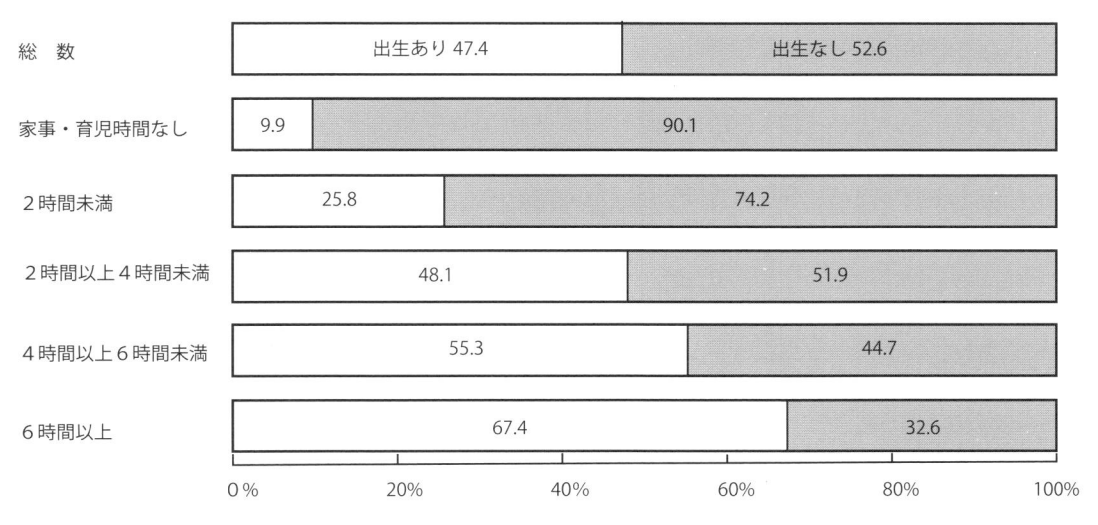

区分	出生あり	出生なし
総数	47.4	52.6
家事・育児時間なし	9.9	90.1
2時間未満	25.8	74.2
2時間以上4時間未満	48.1	51.9
4時間以上6時間未満	55.3	44.7
6時間以上	67.4	32.6

注：グラフの中の数値は、第一子をもつ夫婦について、第二子出生前の夫の休日における家事・育児参加時間と第二子出生の割合を示している。
出所：厚生労働省『第9回21世紀成年者縦断調査』2012年

STEP─3　自己診断してみよう！

　STEP-1で書き上げたライス（仕事）とライフ（趣味）のマップを2軸で捉えたとき、全体的に（ ライス・ライフ・どちらでもない ）のレベルが高いことがわかり、自分の中では（ イメージ通り・意外・どちらでもない ）であった。両者のバランスを考えると、今後は_____に力を入れていきたい。

～Memo～

STEP─4　周囲に耳を傾けよう！

＊労働の一部は身を養いますが、他の一部は人間を築きあげるのです（サン・テグジュペリ『サン＝テグジュペリの言葉』彌生書房）

＊ひとつの生涯には多くの日々が含まれている。そして、ひとりの人間にも幾人ものちがった人間がいる（ロマン・ロラン『ベートーベンの生涯』岩波書店）

■ポイント／教訓

ライスもライフもキャリアの重要な要素である

■さらなる発展的学習のための参考文献

＊金井壽宏・高橋俊介『キャリアの常識の嘘』2005年、朝日新聞社

II―気入編：現在を見つめ直す

35―キャリアの現実吟味

【用語の解説】生涯発達心理学者のD.レビンソンによる「夢の現実吟味」という概念があります。人生の節目節目において、夢の達成度を確認しながら現実的に夢の実現を目指す考え方です。

　人間が成長していく過程で大切な要素として、夢とか目標というものがあると思います。ここで思い浮かべてほしいのが、幼い頃抱いていた夢です。今もその夢を追いかけていますか？多分、夢に向かって生きている人は少ないでしょう。私たちは、ただ夢を見続けるだけではいけません。夢はそれが夢である限り実現しないからです。ですから「夢」という言葉の代わりに、「目標」という言葉を選んだらどうでしょうか？そして自分の長所、短所を考慮に入れて実現可能な「目標」を設定し、その目標設定に向け全力を尽くします。ただし、この場合、常に現実的目標を見据えることを忘れてはいけません。目標があまりにも高いと、結局何も達成できないまま終わってしまいます。それだと、たいして夢とかわりありません（出所：ハンス・オフト、1993年）。

STEP—1　ワークにトライしてみよう！

Q．幼い頃まで遡って各年代で自分が抱いていた夢（下半分：■）／目標（上半分：□）について書き出し、夢と目標の乖離度の変化について考えてみよう。（15～20分程度）

10歳代	20歳代	30歳代	40歳代以降
《目標》	《目標》	《目標》	《目標》
《夢》	《夢》	《夢》	《夢》

《目標と夢の乖離について思うこと》

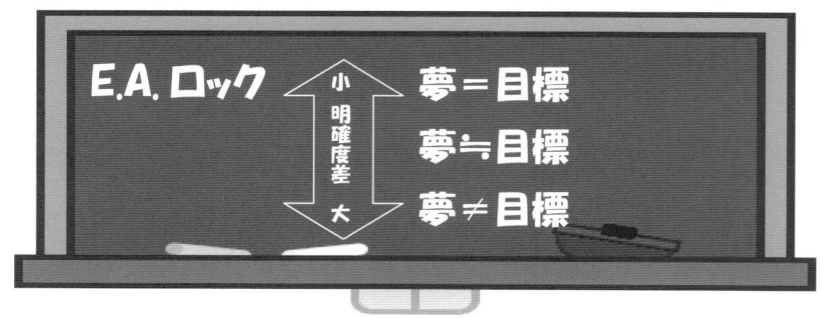

≪板書説明≫夢とは違って目標には納期・期日があり、やるべき行動の優先順位（ビジョン）が明確なものを指します。つまり、夢であっても具体的にステップアップしている場合には現実に近づいている証拠だと考えられます。

板書：E.A.ロック　小←明確度差→大　夢＝目標／夢≒目標／夢≠目標

●第４章―自己キャリアを認める

STEP—2　目標や希望の保有度（学年別）

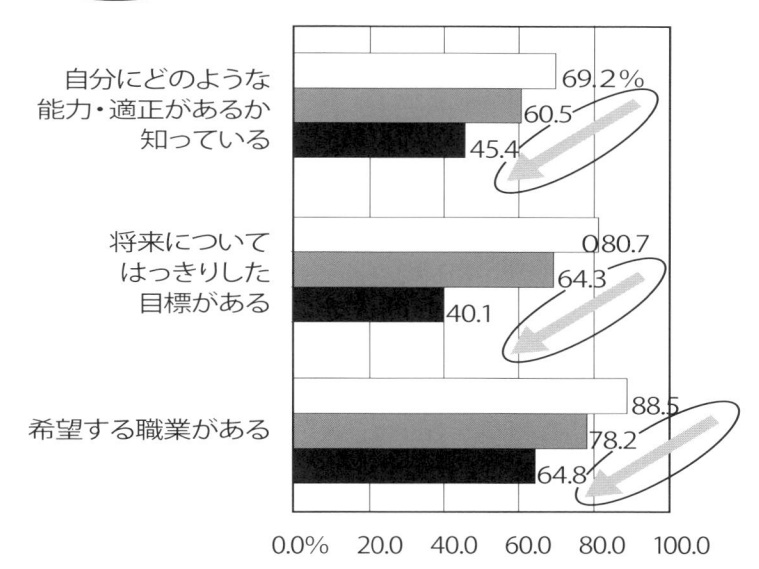

- 自分にどのような能力・適正があるか知っている
  - 小中学校時代：69.2%
  - 高校２年生：60.5
  - 大学入学後：45.4
- 将来についてはっきりした目標がある
  - 小中学校時代：80.7
  - 高校２年生：64.3
  - 大学入学後：40.1
- 希望する職業がある
  - 小中学校時代：88.5
  - 高校２年生：78.2
  - 大学入学後：64.8

□小中学校時代　■高校２年生　■大学入学後

出所：経済産業省委託調査（2006）。

　左図（下２つ）は、学年が上がるごとに目標を見失う傾向が示されています。これは、1番上の図の自信（自尊感情）の有無とも関係が深いと言われます。

　生涯発達心理学者のE.A.ロックは、（非現実的な）夢を抱き続けようとするのではなく、夢を現実とすり合わせることの大切さを説いています。

　まさに人生の大きな節目の時期にあたる就職活動の時期も、過去の棚卸しをしながら、決して自分を卑下することなく、これまでやってきた得意なことを活かす方向で自分を伸ばす工夫が求められるのです。

STEP—3　自己診断してみよう！

　STEP-1をやってみた結果、昔は（　夢・目標・夢と目標の両方　）を中心に思い描いてきたことがわかった。また、現在は（　夢・目標・夢と目標の両方　）が明確であることがわかった。自分の夢を目標に変えるために_____を期限としてビジョンを_____と数値化できる。

～Memo～

STEP—4　周囲に耳を傾けよう！

＊僕の前には道はない。僕の後ろに道は出来る（高村光太郎『道程』）
＊人のつくったものは自分の道にはならない（相田みつを）
＊夢は近づくと目標に変わる（イチロー）

■ポイント/教訓

> 思い描いた夢しか実現しない

■さらなる発展的学習のための参考文献

＊金井壽宏『働くひとのためのキャリア・デザイン』2002年、PHP研究所
＊ハンス・オフト著/徳増浩司訳『日本サッカーの挑戦』1993年、講談社

II―気入編：現在を見つめ直す

36－新ステージへの適応法

【用語の解説】キャリアショックとは、予期しない環境や状況の変化により、想定外のキャリアシフトを強いられるほどの大きな出来事のことです。"キャリアショック"は誰にでも起こり得ますので、そういう時に対する備えや適応能力がその後の展開に大きく影響を与えます。

　2008年に起こったリーマンショック後も厳しい就職難の状況が続く中で、大学新卒予定者の多くは、就職ではなく、「就社」意識を強く持っていると言われます。この考え方の背景には入社した会社が存続すること（ゴーイングコンサーン）が大前提になっているという問題点があります。さらに、同じ職種でも会社によっては業務内容が異なることも少なくありません。つまり、こうした計画的なキャリア形成が難しくなっている状況下では、予測不能な事態の中でいろんな仕事に対応できる"何でも屋さん"が求められる時代が来るかもしれません。

STEP―1　ワークにトライしてみよう！

Q．いまの職場（社会人）or 学校（学生）の中で、最も熱心に取り組んでいるものは何ですか。さらに、万一、そのことが全く出来なくなる（無くなる）ようなショックがあなたの身に起こったとしたらどんな対応策があるかを考えてみよう（15分程度）

【現在】あなたが最も集中していること・誇りを持ってやっていること

↓ キャリアショック

【ショック後】その変化に対してどのような対応策をとりますか？

≪板書説明≫入社後は失敗や苦労がつきものなのですが、最近の新入社員には「いち早く認めてもらいたい」という成長渇望が強い傾向にあるといわれます。企業と求職者のミスマッチを減らすために、ありのままの仕事情報を事前開示すること（ＲＪＰ＝リアリスティック・ジョブ・プレビュー）が企業にも求められます。

キャリアショックをどう予見する？

- ＜入社1～3年＞リアリティショック／過剰適応／成長実感の渇望
- ＜入社5～10年＞自己概念の形成／成長・学習の停滞／家庭内役割
- ＜入社20年＞中年の葛藤

●第4章―自己キャリアを認める

STEP—2　内なる声 vs 外の声

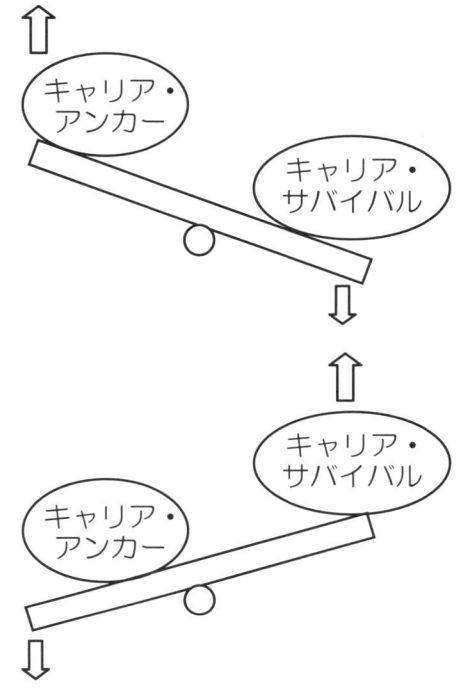

　キャリア・アンカーとは第23節（59頁）で出てきた人生において心の拠り所となるようなものでした。これは内なる声に耳を傾ける方法です。それとは逆に、自分を取り巻く外部の声に注目した概念として「キャリア・サバイバル」があります。左図のように、両者はトレードオフ（二律背反）の関係にあるといわれます。

　たとえば、河合隼雄先生は「個性化の道を歩むためには、われわれは自分の内界に目を向けねばならない。ここにいう内界は、すなわち無意識界である」（『無意識の構造』）と言っています。

　一方、自分を取り巻く人的ネットワーク（上司・同僚・取引先・友人知人・同郷人など）を"外の声"として捉え、耳を傾けてみましょう。自分が期待され求められていることを知ることもまた、あなたの人生に大きな影響をもたらすかもしれません。ジョブ・シャドーイングや間接学習がその例として注目されています。

参照：金井・高橋（2005）50頁。

STEP—3　自己診断してみよう！

　STEP-1で考えたキャリアショックの自分への影響は（ 大きい・ふつう・少ない ）と思った。また、それに対する備え方は（ 自力本願・他力本願・どちらでもない ）の傾向があることもわかった。また、STEP-2のキャリア・サバイバルの概念を踏まえると、今の時点で繋がっているネットワークからは＿＿＿＿＿＿＿＿＿＿＿＿＿＿＿＿＿＿＿＿＿＿が外の声として考えられる。

～Memo～

STEP—4　周囲に耳を傾けよう！

＊疑いもなくわれわれの大きな仕事は、遠くにある不明瞭なものを知ることでなく、手近にある確実なことを行うにある（トーマス・カーライル）
＊あなたのところに来るひとをだれ一人、来る前より幸福もせずに立ち去らしてはいけません（マザー・テレサ）

■ポイント／教訓

己を貫くところと協調をバランスさせる感覚を養う

■さらなる発展的学習のための参考文献

＊常見陽平『「就社志向」の研究―なぜ若者は会社にしがみつくのか』2013年、角川書店

II―気入編：現在を見つめ直す

37－幸福のバッテリー

【用語の解説】ポートフォリオ（portfolio）とは、絵・写真・地図などの大判の書類を入れるためのもの。個人や会社が保有するすべての有価証券一覧。大学生自身に大学生活を管理させるために講義ノート・提出物の記録ファイルとして導入するケースが増えています。

　いま日本は空前の猫ブームです。1日駅長、ネコカフェ、猫男子にとどまらず、経済効果の大きさからネコノミクスという新造語まで登場した。全国犬猫飼育実態調査では、すでに猫の飼育数が犬を上回ったと発表されています。背景には高齢者や一人暮らし世帯の増加があります。
　英国では、「猫に九生あり（A cat has nine lives.）」を地でいく実話が注目を集めました。プロのミュージシャンを目指すが夢破れて路上生活者となった青年はバスキング（路上演奏）で生計を立てていた。偶然、生涯の相棒となる野良猫ボブと出会い青年の人生が大きく好転していくというストーリー。（原作『ボブという名のストリート・キャット』）

STEP―1　ワークにトライしてみよう！

Q. 携帯電話を持ち歩かず、TV・ラジオ・インターネットもつけずに、できるだけ体も心も電波にさらされない状態を作り生活をしてみよう！1日の終わりに、つぎの『日報』を書き留めてみよう（15分程度）＊休日等に半日～1日間くらいかけて実践すると効果が見込まれます！

日報：　　年　　月　　日（　）　時間帯　：　～　：

今日一日を振り返る 例：○○な出来事があった	
実践してみたこと 例：携帯電話を持ち歩かなかった	
変化／気づき 例1：メリット／デメリット 例2：1人の時間を大切にできた 例3: 自然界のエネルギーを感じた	

≪補足説明≫つながりの社会性とは北田暁大（社会学者）によりネーミングされた「自己充足的・形式主義的なコミュニケーション作法」のことです。若者の間で携帯電話依存症（中毒）が問題視される中、生きていくためのバッテリーを保持することも大切です。

学生と社会人の意識（立場）の違い
消費者（買い手）　vs　生産者（売り手）
自己中心的意識　vs　帰属意識
自分本位　vs　顧客第一主義
自己責任　vs　会社の信頼失墜

≪板書説明≫親、教師、先輩がいる学生は基本的に守られた立場にありますが、社会人やサラリーマンになると、会社の看板を背負って、組織内でキャリアを築くことになります。学生感覚からの脱皮が求められるのです。

●第4章―自己キャリアを認める

STEP—2　CSポートフォリオ分析

満足度構造の分類（CSマップの4象限）

	重要度＝低 満足度＝高	重要度＝高 満足度＝高
高 ← 各項目の満足度	現状維持項目 ❸	現在の満足度の源泉 ❷
	最低評価項目 ❹	最優先改善項目 ❶
	重要度＝低 満足度＝低	重要度＝高 満足度＝低

各項目の重要度 →　高

■①最優先改善項目
総合満足度への影響度が高いにも関わらず、満足度が低いゾーン。このゾーンの項目が総合満足度を引き上げていくうえで最優先に考慮すべき要改善検討項目になる。

■②現在の満足度の源泉
現状満足度も高く、総合満足度への影響も高いゾーン。現時点での満足度の源泉とみなすことができる。

■③現状維持項目
各項目の満足度は高いものの、総合満足度への影響は低いゾーン。とりあえずは現状を維持しておけばよい項目といえる。

■④最低評価項目
各項目の満足度も低く、総合満足度への影響も低いゾーン。

　一般に、CS（customer satisfaction：顧客満足）はマーケティングや販売戦略として主に企業で活用されますが、学校教育現場でも学生授業評価の項目に用いられます。顧客や学生の満足度の向上のために企業も教員も成長し続ける必要があるということです。就活生は自分を商品とみなして、図の4つの象限を使って自己分析することが可能です。

STEP—3　自己診断してみよう！

　学生と社会人の一番の違いは＿＿＿＿＿＿＿＿＿＿＿＿＿＿＿＿＿＿＿＿＿＿だと思う。
また、STEP-2における対象を「自己」に置き換えてみると、①最優先改善項目には＿＿＿＿＿＿＿＿
＿＿＿＿＿＿＿＿＿＿＿＿＿＿＿＿＿＿＿＿＿＿＿＿＿＿＿＿が入ると思う。それを
②に近づけるためには＿＿＿＿＿＿＿＿＿＿＿＿＿＿＿＿＿＿＿＿＿＿が必要である。

～Memo～

STEP—4　周囲に耳を傾けよう！

＊記憶はわれわれの選ぶものを見せてくれずに、自分の好きなものを見せてくれる（モンテーニュ『モンテーニュ・エセー』岩波書店）
＊もし好機が到来しなかったならば、みずから好機を創りだせ（サミュエル・スマイルズ『自助論』三笠書房）

■ポイント／教訓

記録と記憶は、過去の自分と向き合うための手段である

■さらなる発展的学習のための参考文献
＊原田康久『勝てるエントリーシート負けない面接テクニック』2012年、中央公論新社
＊山田洋次『寅さんの教育論（岩波ブックレットNo.12）』1982年、岩波書店

III
旅路編
将来へ一歩踏み出す

ありたい自分の実現に向けて実際の行動に移すためのきっかけ作りをします

◆
第5章　自分と折り合う
◆
第6章　自己キャリアを育む
◆

38―エンプロイアビリティー

【用語の解説】Employability とは、自己市場価値や就業可能性のことでキャリアの自律に必要な要素のひとつです。employ（雇用）＋ ability（能力）の合成語・造語です。

日本的雇用慣行（終身雇用・年功序列賃金・企業別組合）が守られなくなった昨今では、一企業キャリアが必ずしも保障されず、ポータブル・スキル（他社でも通用するスキル）を蓄えておくことが重要だといわれます。つまり、自分の武器（ウリ）をいち早く見つけ育んでいく姿勢が求められています。

STEP—1　ワークにトライしてみよう！

Q．つぎの「砂漠で遭難した時どうするか？：砂漠ゲーム」を読み、他人との相談なしに、これまでの自分の経験のみから１２の品物の優先順位をつけてみよう！（10分程度）

> 7月の中旬のある日、午前10時頃、あなた方が乗った双発の小型飛行機は、アメリカ合衆国の南西部にある砂漠のなかに不時着しました。不時着した際、飛行機は大破し炎上、操縦士と副操縦士は焼死しましたが、あなた方は奇跡的に大きなけがもなく無事でした。
>
> 不時着はあまりに突然で、無線で救援を求める時間もなく、また現在位置を知らせる時間もありませんでした。しかし、不時着する前にみた周囲の景色から、あなた方は飛行プランに示されているコースから約100km離れた所にいることがわかっていました。また、操縦士は不時着直前に最も近くの居住地は約100km南南西にあることだけをあなた方に告げていました。この付近は、全くの平坦で、サボテンが生えている以外は不毛の地域です。不時着直前の気象情報では、気温は約43℃になるだろうといっています。それは、地面に近い足元では50℃になるだろうことを意味しています。
>
> あなた方は、軽装(半袖シャツ、ズボン、靴下、タウンシューズという服装)で各々1枚のハンカチとサングラスを所持しています。ただ飛行機が燃えてしまう前に、あなた方は次の12の品物をかろうじて取り出すことができました。
>
> あなた方の課題は、これら12の品物を、あなた方が生き残るために最も重要と思われるものから順番に、1から12までの順位をつけることができます（括弧内に番号を入れてください）。なお、生存者は、あなた方のチーム・メンバーと同数であり、また全員が協力し合うことを同意しています。

【12の品物】（　）懐中電灯　（　）この地域の航空写真の地図　（　）大きなビニールの雨具
（　）磁石の羅針盤　（　）弾薬が装てんされている45口径のピストル　（　）赤白模様のパラシュート
（　）ガラス瓶に入っている食塩　（　）1人につき1ℓの水　（　）「食用に適する砂漠の動物」という本
（　）1人1着の軽装用コート　（　）化粧用の鏡　（　）2ℓのウォッカ

出所：平成２０年度第２回キャリアカウンセラー養成講座配布資料

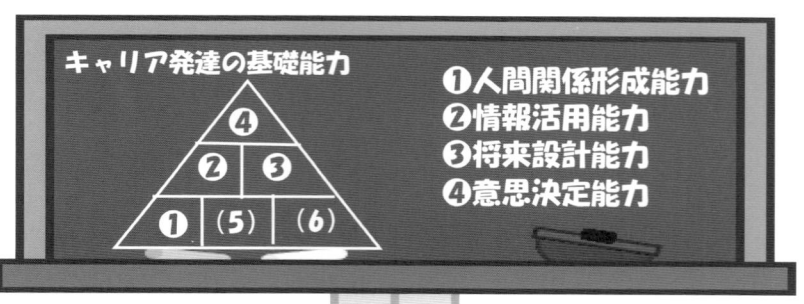

キャリア発達の基礎能力
❶人間関係形成能力
❷情報活用能力
❸将来設計能力
❹意思決定能力

≪板書説明≫ピラミッドの頂上が「❹意思決定能力」であることに注意しよう。つまり、覚悟を決める・決断する・小一歩を踏み出すことがキャリア発達の起点になるということです。(5)・(6)はSTEP3で考えてみよう。

●第5章—自分と折り合う

STEP−2　グループ集計表：お互いの意見を共有し合おう！（1グループ11人まで）

＊誤差は個人ワーク、グループワークをした後で127頁の解答を「研究者の解答」欄に転記してから計算します。

項目＼メンバー	1誤差	2誤差	3誤差	4誤差	5誤差	6誤差	7誤差	8誤差	9誤差	10誤差	グループ誤差	研究者の解答
懐中電灯												
航空写真の地図												
ビニールの雨具												
磁石の羅針儀												
45口径のピストル												
赤と白のパラシュート												
ガラスびんの食器												
1㍑の水												
「砂漠の動物」の本												
軽装のコート												
化粧用の鏡												
約2㍑のウォッカ												
誤差総計												個人平均誤差

STEP−3　自己診断してみよう！　＊解答は127頁を参照

　STEP-1の個人ワークやSTEP-2のグループワークを通じて、私は、キャリア発達の基礎能力である❶～❹のうち＿＿＿＿＿＿＿＿が（十分・不十分）であることが分かった。また、4つの能力以外に、キャリア発達のための基礎能力として（5）・（6）の2つが加わるとすれば＿＿＿＿＿＿＿＿と＿＿＿＿＿＿＿＿が重要だと考える。

~Memo~

STEP−4　周囲に耳を傾けよう！

＊老いは怖くはないが、目標を失くすことが怖い（登山家、プロスキーヤー　三浦雄一郎）
＊人生にとって健康は目的ではない。しかし、最初の条件なのである（武者小路実篤）
＊人生が私たちに要求するものは勇気である（ギマランエス・ローザ）

■ポイント / 教訓

エンプロイアビリティを高めることだけが幸せではない

■さらなる発展的学習のための参考文献

＊浦坂純子『なぜ「大学は出ておきなさい」と言われるのか』2009年、筑摩書房
＊金井壽宏『あったかい仕事力相談室』2006年、千倉書房

Ⅲ―旅路編：将来へ一歩踏み出す

39―人生の恩返し

【用語の解説】 恩返し（=repayment of a kindness; give back to someone）。つまり、受けた恩に報いることである。人はいろんな場面でさまざまな恩を受けて人生を形作っていきます。つまり、私たちは人の縁を得ながら生きる存在だともいえるのです。

　"恩を知る心"を持ち続けられる人は、自分が大変なときや苦しいときに簡単に物事を投げ出したりはしないと中学時代の恩師から聞いたことがあります。子は親に、妻（夫）は夫（妻）に、学生は教師（恩師）に感謝をするのは恩があるからです。人に助けられて生きていることが意識できていれば、自分だけ活かそうという利己心は働かないはずです。他者への恩返しは自分の人生への恩返しに通じるものがあると思いませんか？

STEP—1　ワークにトライしてみよう！

Q．つぎのコラムを読み、心に響くキーワードを3つまでマークし、□にタイトルをつけてみよう！
（5分程度）

　　　天声人語

〈円周率十万けた暗唱〉などの報に触れるたび、人間の底知れぬ能力に圧倒される。今回も驚くばかりだが、審査員には音の差がしっかり届いたらしい。米国の高名なピアノコンクールで優勝した辻井伸行さん（当時二十歳）だ。快挙は〈全盲の日本人が優勝〉と伝えられた。ニュース価値はそこにあっても、競演の結果に「全盲の」は要らない。それは奏者の重い個性だけれど、審査上は有利でも不利でもない。勝者が「たまたま」見えない人だったのだ▼録音を何度も聴いて曲を覚えるという。耳で吸収した音は熟成され、天から降ると称される響きで指先に躍り出る。「目が見えた場合」と比べるすべはないが、全盲ゆえの賛辞は、実力を曇らす。全盲ゆえの感動を伝えるため、彼は音色だけ見ているかのような集中で勉強をしのばせる▼師は「驚き以上の感動」と言う。体ではなく、音の個性が正当に評価された喜びは大きい▼二十年前、ご両親は「生まれてよかったと思ってくれようか」と悩んだ。やがて、母が台所で口ずさむ歌をおもちゃの鍵盤で再現し、同じ曲でも演奏家を聴き分けていたのは親の愛だ。その才をいち早く見抜いたのは親の愛だ。かつて息子は「一度だけ目が開くなら母さんの顔が見たい」と口にしたそうだ。母は今、「私に生まれてきてくれてありがとう」と涙する。「できない」ではなく、「できる」ことを見つめ続けたご褒美。世界が「生まれてよかった」と祝す才能は、どれもそうして開花する。（出所・朝日新聞2009年6月10日号）

≪板書説明≫ホームレスの人が『ビックイシュー』の雑誌販売のサービスを生業にできるのは、その背後で雑誌作成に関わる何百・何千人もの人々のお陰だといえます。この雑誌に最後のページに直接関わった人々（編集者・ライター・グラフィックデザイナー等）の名前が掲載されていますが、実は間接的にはもっと多くの人たちの労働に支えられているのです。

```
BIG ISSUE？  ＝ホームレスの人々に収入を得る機会を提供する事業
              ＝街頭で雑誌販売をするサービス
              ――》素通り、無視、無反応…、時々反応あり！
              ＝他者の存在を意識しながら他者の反応を通
                して自分を意識する（＝存在意義の確認）
```

●第5章―自分と折り合う

STEP-2　5つのキャリア成功指標（内的志向性）

志向性	特徴	成功タイプ
1. 前進志向 (Getting Ahead)	より上位の階級や職位を目指す出世意欲の強い性向	組織や職業でトップの地位に昇れるタイプ
2. 安定志向 (Getting Secure)	「会社のため」という発想が強く、成果を独占するよりも分かち合うことを望む性向	長期間の雇用・地位・収入の安定が得られるタイプ
3. 自由志向 (Getting Free)	自分の裁量で仕事ができることを最も重視する性向	（一時的な機会であっても）多種多様な経験が積み重ねられるタイプ
4. 挑戦志向 (Getting High)	刺激・挑戦・冒険を厭わず自分の興味関心のあることを最も重視する性向	常に自己成長できる機会が得られ、持続的に上昇していけるタイプ
5. バランス志向 (Getting Balanced)	仕事・人間関係・自己成長のバランスを重視する性向	ワーク・ファミリー・バランス（仕事と家庭の両立）が維持できるタイプ

　人は誰でもこの世に生を受けた以上、人生を成功させたいと思うことでしょう。しかし、何をもって成功とするかは、人それぞれです。上表はB.C.デールが1985年発表した、「人生における成功者」とよばれる人の5つの類型です。たとえば、安定的な公務職に就くことを重視する人は「安定志向」タイプですし、会社や組織に所属するのではなく自営などでの成功を望む人は「自由志向」「挑戦志向」になるでしょう。ＷＬＢ（ワーク・ライフ・バランス；仕事と家庭の調和）を重視する人は「バランス志向」タイプになります。

STEP-3　自己診断してみよう！

自分の人生の中で最もお世話になった人は、自分が＿＿＿＿＿時代の＿＿＿＿＿である。その理由は＿＿＿＿＿である。STEP-2では自分は＿＿＿＿＿志向タイプだと思うが、これまで受けてきた恩をしみじみと感じるのは、普段＿＿＿＿＿＿＿＿＿＿をしている時である。

～Memo～

STEP-4　周囲に耳を傾けよう！

＊認定NPO法人ビッグイシュー基金は、人々が居場所と出番をもつ包摂社会をめざし、①ホームレスの自立支援、②問題解決のネットワークづくりと政策提言、③ボランティア活動と市民参加、の事業をすすめます（『THE BIG ISSUE JAPAN』ビッグイシュー基金通信ページより引用）

■ポイント/教訓

受けた恩を忘れない心が自分を磨いてくれる

■さらなる発展的学習のための参考文献

＊東田直樹『風になる―自閉症の僕が生きていく風景』2012年、ビッグイシュー日本
＊戸田智弘『働く理由：99の名言に学ぶシゴト論。』2007年、ディスカヴァー・トゥエンティワン

III―旅路編：将来へ一歩踏み出す

40―周囲への心配り

【用語の解説】 メンター（mentor）は自己のキャリア形成のなかで支援し励ましてくれる人のことをいいます。そういう存在を見つける上で５Ｓは最低限のマナーです。５Ｓとは整理（Seiri）・整頓（Seiton）・清掃（Seisou）・清潔（Seiketsu）・躾（Shitsuke）の５つのことをいいます。

　講義とは学生と教師の「心のキャッチボール」といわれることがあります。実際に、少人数クラスのある授業では「熱意のない学生が多い（教える側が乗れない）」という場合もあれば、逆に教師が期待を持って臨めるクラスでは学生の習熟度が予想以上であったという経験があります。前者を"ミラー効果（＝学生は教師の鏡）"、後者を"ピグマリオン効果（＝教師期待効果）"といいます。

STEP―1　ワークにトライしてみよう！

Q．われわれ日本人がもつ礼儀正しさ・奥ゆかしさ、すなわち、"和のこころ"の「和」という漢字を使って、あったら良いと思うオリジナル漢字を２個作成してみよう！（10分程度）

漢字/絵文字	説　明
例１： 恕	例１： 文字通り、和の心と書いて、"ワビ・サビ"と読む。
例２： 馭	例２： 　場を和ましてくれる友と書いて、"癒し系の友人"と読む。

最高のコミュニケーションツール
挨・・・「（相手の心を）開く」
拶・・・「（相手の心に）迫る」

≪板書説明≫ビジネス場面に限らず、生活の基本となるのが「マナー・挨拶」です。挨拶には「**あかるく・いつでも・さきに・つづけて**」の要素があり、人間関係を円滑にするための基本になります。

STEP—2 日本ほど恵まれた国はない！？

例1	半世紀以上戦争のない国
例2	世界第3位の経済大国
例3	最先端な科学技術の国
例4	世界一の健康長寿の国
例5	世界有数の高等教育の国

出所：田坂（2012）「講演会資料」より。

　5つの例より、いかに日本が平和で豊かな国であるかがわかります。"常に感謝の気持ち"を社訓にしている企業もある。ナカリングループ創業者の中嶌武夫氏は「金だけ儲かればよい」「他人を押しのけ自分だけ繁栄すればよい」という考えの対局に立った独自の哲学を会社経営の礎とした。人間の知恵、才覚などは小さいもので人の一生はもっと大きな眼に見えないものに支配されている。そうした大きな力をいただける生き方をする。それには人様のお役に立つ必要がある。

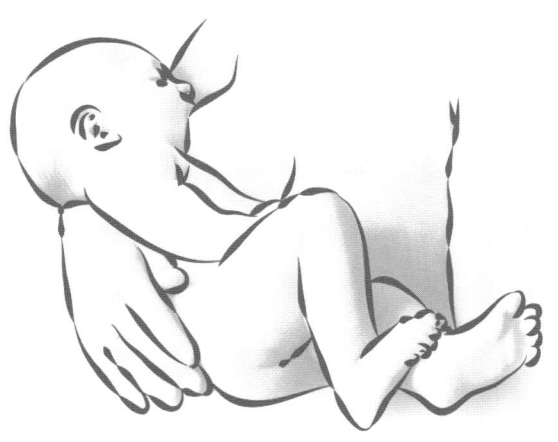

『ナカリングループ60年の歩み』（2008年）

STEP—3 自己診断してみよう！

　自分の周りにも、とても感じが良く、誰からも好かれるような人はいるはずだ。思い出してみると、たとえば＿＿＿＿＿さんがその典型例だと思う。その人の＿＿＿＿＿なところが周囲に好感を与えているのだろう。

　"学ぶ＝マネぶ"とすると＿＿＿＿＿が実践できそうである。

~Memo~

STEP—4 周囲に耳を傾けよう！

＊ひとつの言葉でケンカして、ひとつの言葉で仲直り、ひとつの言葉はそれぞれにひとつの心を持っている（映画監督 山田洋次）
＊他人のために尽くす人生こそ、価値ある人生だ（アインシュタイン『アインシュタイン150の言葉』）
＊親孝行の気持ちをもっているというのは、人生を生きていくうえで非常に大切な条件を満たしていることになる（カウンセリング心理学 國分康孝）

■ポイント／教訓

礼儀作法や感謝の念は生きていくための潤滑油になる

■さらなる発展的学習のための参考文献

＊平林都『接遇道1・2』2009年、大和書房
＊鈴木健二『気くばりのすすめ』1985年、講談社

Ⅲ―旅路編：将来へ一歩踏み出す

41―人生のカフェテリアプラン

【用語の解説】"カフェテリアプラン"とは、企業の福利厚生制度などを社員が自由に選択できるようにした制度のことです。企業側は勤続年数や資格等級を基準としたポイントを社員に与え、その範囲内で各人が希望する福利厚生制度を選択させるシステムになっています。

　大学生の昼食といえば、"学食"や"カフェテリア"です。自分が好きな小鉢（メニュー）を選んだり、カウンター越しに料理をよそってもらい、最後にレジ清算を行うセルフサービス型の食堂です。なかには一流シェフを呼んでオシャレなコース料理を提供したり、高校生対象のオープンキャンパスのイベントのひとつに学食体験を組み入れているケースも少なくありません。

STEP―1　ワークにトライしてみよう！

Q.「こうあると自分がイキイキする！」という"事柄（オリジナル・メニュー）"を希望を込めて「時間‐投資マトリックス」を完成させましょう。文字でもイラストでもOKです。（20分程度）

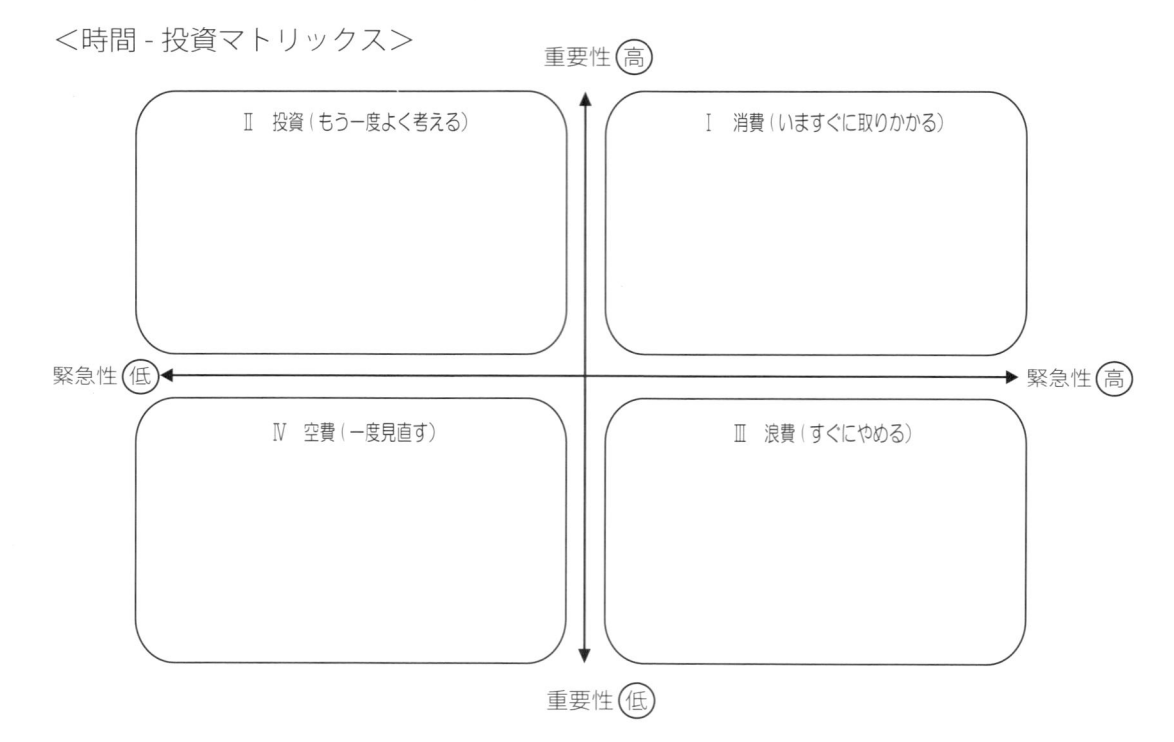

＜時間‐投資マトリックス＞

	重要性 高	
Ⅱ 投資（もう一度よく考える）		Ⅰ 消費（いますぐに取りかかる）
緊急性 低 ←		→ 緊急性 高
Ⅳ 空費（一度見直す）		Ⅲ 浪費（すぐにやめる）
	重要性 低	

【板書】
選択肢の多さ →選択の余地の広がり
　　　　　　→自己による選択／決定
　　　　　　→責任の意識（覚悟）の芽生え
　　　　　　→実現可能性UP

≪板書説明≫ある目指していることの実現可能性が高まれば、STEP 1の「投資」項目に入ったと考えることができます。ぜひ、理論で学んだことを日常生活で実践するための方策として"時は金なり"を意識して考える習慣をつけましょう。

●第5章―自分と折り合う

STEP-2 成功へのトライアングル

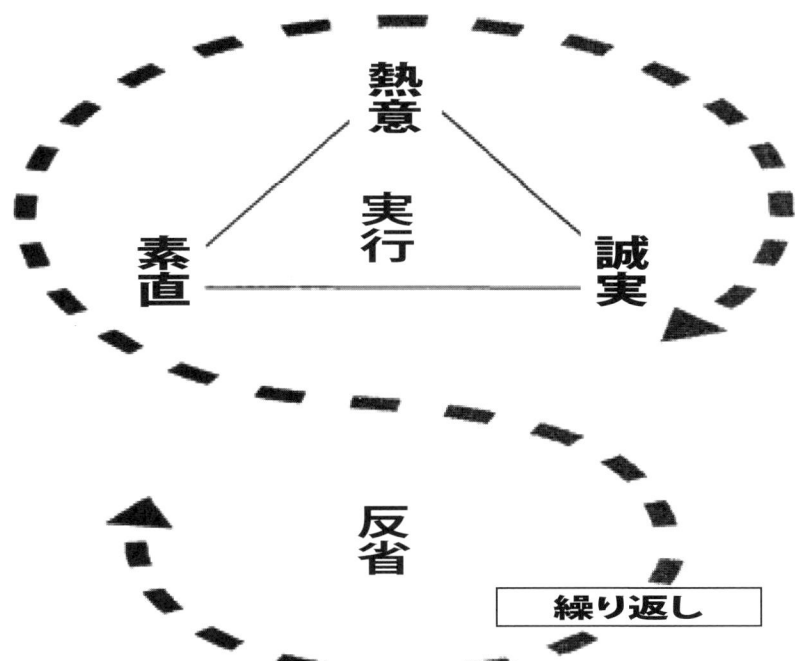

熱意
実行
素直　誠実
反省
繰り返し

人生も日々の積み重ねですから、あれこれと将来のことを思いめぐらせながらも自分の足元を見る時間が大事になります。その日一日の自分の行動を素直な心で誠実に振り返り、無駄がなかったを反省したり感謝の気持ちを持つように心がけましょう。
　一日を省みるのは平凡なことですが、毎日、一日も欠かさずとなると誰にでもできることではありません。

出所：江口（1996）63頁

STEP-3 自己診断してみよう！

　最近の自分は、日々、イキイキ・ワクワクと過ごせて（　いる　・　いない　）と思う。また、STEP-1で書き出したオリジナル・メニューを見てみると、現段階ではそのうちの_____％くらいが実現できていることがわかる。もっと人生を輝かせるためには_____をしていきたい。

~Memo~

STEP-4 周囲に耳を傾けよう！

＊初心の人、二つの矢を持つことなかれ、後の矢を頼みて、はじめの矢に等閑の心あり（吉田兼好）
＊夢はでっかく根は深く（相田みつを）
＊出来ぬと思えば出来ず、出来ると思えば出来ることが随分ある（哲学者 三宅雪嶺）
＊完璧だと思っても、もう一押しすればおまけが手に入る（トーマス・ジェーソン）

■ポイント/教訓

> 時にはずうずうしく"我田引水キャリア"にこだわる

■さらなる発展的学習のための参考文献

＊江口克彦『成功の法則―松下幸之助はなぜ成功したのか』1996年、PHP研究所

Ⅲ—旅路編：将来へ一歩踏み出す

42—習慣化する生き方

【用語の解説】"学習する"習慣を身につけることはキャリア形成において重要です。"子のたまわく朝に道を聞かば夕べに死すとも可なり"と論語の言葉にもあるように、学問のみならず、一生涯をかけて何かをなし得ることは己を知ることと同じくらい奥深いのです。

　受験の経験がある人なら、心理学者H．エヴィングハウスの忘却曲線をご存知かもしれません。悲しいかな、人は今日覚えたことの7割くらいは次の日に忘れてしまうというものです。確かに、記憶の定着には反復が必要です。しかし、知識として記憶の中にあるものでも時代や文化が違えば、使えないものも案外多いものです。そうだとすれば、普遍的に使える"習慣"を大事にする生き方とはどのようなものなのでしょうか。

●STEP—1　ワークにトライしてみよう！

Q．昨日と今日にした「良い行い」と「良くない行い」を"正"の字で数えましょう（＊どんなに小さいことでも構いません）。次に、良かった出来事のベスト3をあげましょう。

＜昨日一日と今日一日を振り返る＞

	良い行い	良くない行い	
昨日			
今日			

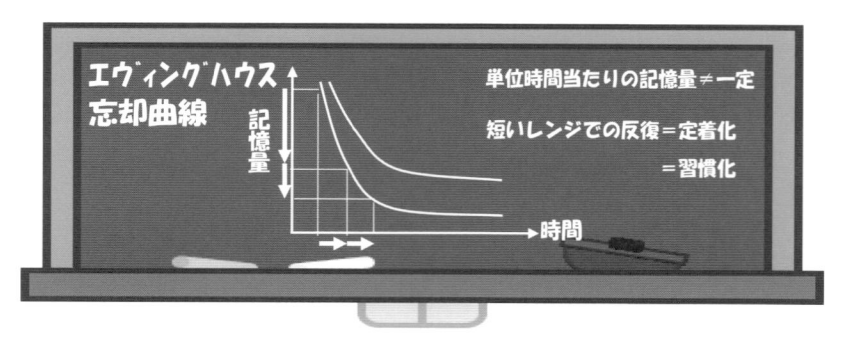

≪板書説明≫記憶の種類には3つあり、くり返すことで短期記憶→中期記憶→長期記憶とシフトしていきます。学習心理学の見地から、記憶量の低下が著しいとされる物事を覚えた直後に復習することが記憶の定着に有効であるといわれます。

（黒板図：エヴィングハウス忘却曲線／記憶量／単位時間当たりの記憶量≠一定／短いレンジでの反復＝定着化＝習慣化／時間）

●第5章─自分と折り合う

STEP-2　To Do List の活用例

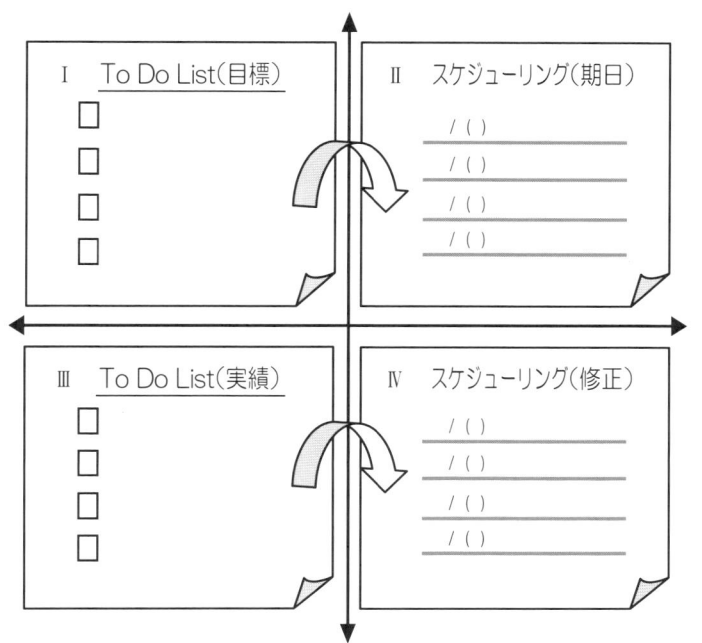

I　To Do List（目標）	II　スケジューリング（期日）
☐	/（ ）
☐	/（ ）
☐	/（ ）
☐	/（ ）

III　To Do List（実績）	IV　スケジューリング（修正）
☐	/（ ）
☐	/（ ）
☐	/（ ）
☐	/（ ）

「To Do List」とは、サラリーマンなどの間で"業務効率の向上"や"仕事の見える化"のために広く活用されているものです。仕事でもプライベートでも自由自在に使える方法です。

たとえば、Iにタスク（目標）を優先順位順に箇条書きします。つぎに、IIでそれぞれのタスクに日付を付けていきます。

そして、一定期間後にIIIで進捗状況を確認します。さらに、IVでタスクの消し込み・追加などの修正を行います。これが一日単位のものの場合、Iが始業時の日課、IIがその日の日報、IIIが翌日の To Do List（タスク）、IVが翌日の日報になります。いろんなパターンを試しながら、自分にとって最適な方法を自分なりに見つけていきましょう。

STEP-3　自己診断してみよう！

　STEP-1 より、昨日は（良い・良くない）行いの方が多かった。自分自身のこの1～2週間を振り返ると、STEP-2 の To Do List を（仕事・プライベート・その他）で活用できそうである。そのことを通じて_____
_____のような習慣を身につけていければと考える。

─～Memo～─

STEP-4　周囲に耳を傾けよう！

＊学びて思わざれば則ちくらし、思いて学ばざれば則ち殆（あや）うし（論語 - 為政）
＊他人と比較してものを考える習慣は、致命的な習慣である（バートランド・ラッセル『ラッセル幸福論』岩波書店）
＊我々は、繰り返し行った行動によって作られる。行動ではなく、習慣が素晴らしさを生む（アリストテレス『ニコマコス倫理学』岩波書店）

■ ポイント／教訓

> 道義を大切にする心が自分らしいキャリアへと導いてくれる

■ さらなる発展的学習のための参考文献

＊今村 暁『1分間の日記で夢は必ずかなう！』2009年、フォレスト出版
＊内海英博『人の10倍仕事をやり抜くメンタルトレーニング』2003年、日本実業出版社

Ⅲ―旅路編：将来へ一歩踏み出す

43―生きものがたり人生

【用語の解説】personhood(自分らしさ；心理学用語）とは、日々を生き生きと生きることを表します。近年、「人間力（人間の能力の本質的部分）」という言葉が巷のあちらこちらで使われていますが、感受性の豊かさが人生の充実度に関わってくることになります。

　2013年8月29日にメジャーリーガーのイチロー選手が4000本安打達成した後に発した「僕の率で言えば、8000本は悔しい思いをしているということになる」というコメントからは、生きている実感や自分で何かを行ったことの到達感を得るためには、形として表に現れない裏側の部分をかみしめながら自己を顧みることが大切さであることを気づかされます。

STEP―1　ワークにトライしてみよう！

Q. "人から学んだこと（得たこと）"の視点から、これまでの人生の中で影響を受けた人物（実在・架空も可）について、誰からどんなことを学んだのか、自分を中心とした「人物相関図」を作ってみよう。（15～20分程度）

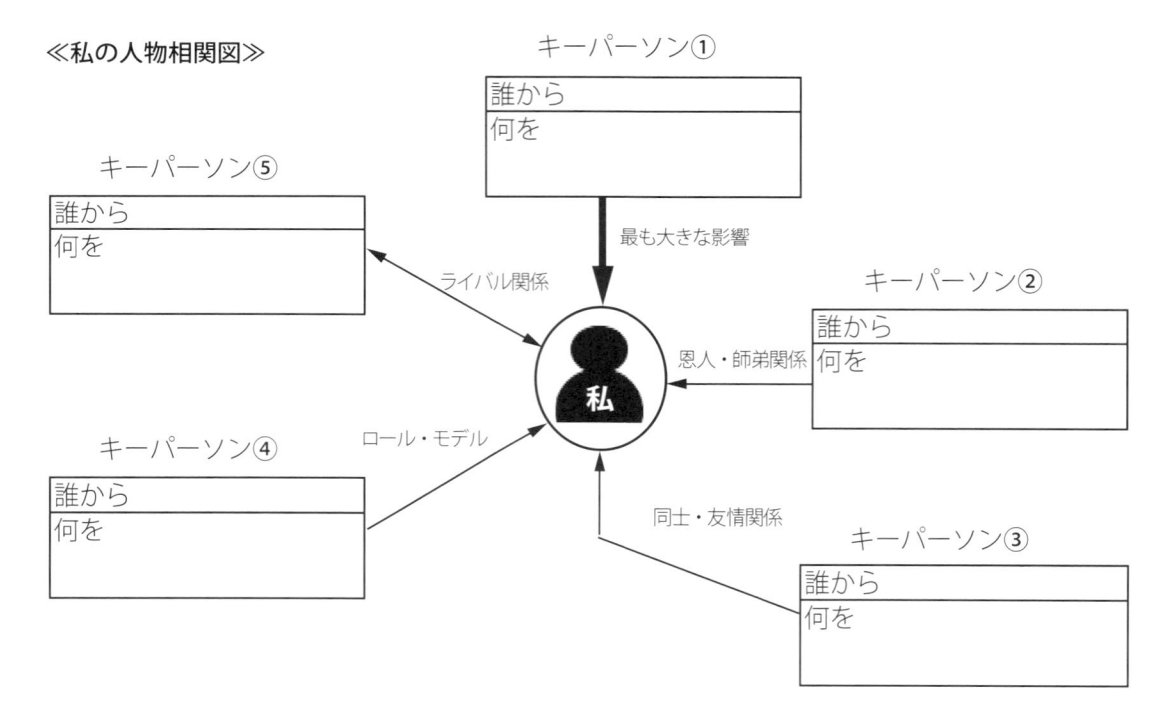

≪私の人物相関図≫

キーパーソン①
- 誰から
- 何を

（最も大きな影響）

キーパーソン⑤
- 誰から
- 何を

（ライバル関係）

キーパーソン②
- 誰から
- 何を

（恩人・師弟関係）

【私】

キーパーソン④
- 誰から
- 何を

（ロール・モデル）

（同士・友情関係）

キーパーソン③
- 誰から
- 何を

【板書】
2つの真実
真実①　人は必ず死ぬ
真実②　人生は一度しかない

≪板書説明≫2つの真実を念頭におきながらも、ニーチェの永劫回帰の人間学的な考え方からは、"もう一度生きることを望まざるを得ないように生きることが課題"になるのです（町田、1991、117頁）

●第5章—自分と折り合う

STEP-2　5つの人生（田坂広志）

①	悔いのない人生
②	満たされた人生
③	香りのある人生
④	大いなる人生
⑤	成長し続ける人生

「悔いのない人生」とは充実した一日一日を大切に過ごせているかということです。「満たされた人生」とは感謝をして生きるということです。「香りのある人生」は使命感や自覚を持っていきるということです。「大いなる人生」とは自分の人生の意味を考えながら生きる人生になります。

最後に、「成長し続ける人生」とは夢や目標を持ち成長する手段とすること、つまり、人生を大切に生き切るということになります。

出所：田坂（2012）「講演会資料」より。

STEP-3　自己診断してみよう！

STEP-2 のうち最も共感できるのは（ 悔いのない人生・満たされた人生・香りある人生・大いなる人生・成長し続ける人生 ）です。その理由は_____である。
これからは_____を意識して生きていきたい。

~Memo~

STEP-4　周囲に耳を傾けよう！

＊毎日を最後の一日のように思いつつ生きよ（セネカ）
＊とにかく新しい毎日なんだ（アーネスト・ヘミングウェイ『老人と海』新潮社）
＊才能とは、自分自身を、自分の力を信じることなんだ（マクシム・ゴーリキー『どん底』岩波書店）

■ポイント／教訓

自分らしさの探求が自己成長へとつながっていく

■さらなる発展的学習のための参考文献

＊田坂広志『未来を拓く君たちへ』2009 年、くもん出版
＊L. グラットン・A. スコット（著）、池村千秋（訳）『LIFE SHIFT 100 年時代の人生戦略』東洋経済新報社

III—旅路編：将来へ一歩踏み出す

44―人生の落とし前

【用語の解説】人生の節目では巣立ちや別れがつきものですが、心理学用語ではセパレーション（分離：separation）といいます。この連続が人生を形作るとも言っても過言ではありません。

　人と人とのつながりには、実は人間のいわゆる個人的な意志や希望を越えた、一つの深い縁の力が働いているのである。男女の縁もまた同じ。そうだとすれば、おたがいにこの世における人と人とのつながりを、もう少し大事にしてみたい。もうすこしありがたく考えたい。不平や不満で心を暗くする前に、縁のあったことを謙虚に喜びあい、その喜びの心で、誠意と熱意をもって、おたがいのつながりをさらに強めてゆきたい。そこから、暗黒をも光明に変えるぐらいの、力強い働きが生まれてくるであろう（松下幸之助『道をひらく』1970年、56-57頁、PHP研究所）

STEP―1　ワークにトライしてみよう！

Q. これまでのあなたの人生の中で、最も大きな（印象深い）別れと二番目に大きな別れについて振り返ってみよう（10～15分程度）＊必ずしも恋愛関係に限りません

	いつ・誰と・どんな状況で	その別れが自分にもたらした影響
第一の別れ		
第二の別れ		

≪板書説明≫ 従来と異なり、双方向で学校と社会の間を自由に行き来することを生涯学習といいます。代表例であるリカレント教育の語源は recurrent ＝ re（再び）＋ current（動向・流れ）より、「再発する、再現する」という意味合いになります。

Transition from school to work

学校 →（従来）→ 社会
←リカレント教育

STEP—2　能力開発構造図

考える知性
認知（理解力）　記憶（記憶力）　集中思考（論理的思考） 拡散思考（推理・創造力）　評価（判断・洞察力）
感じる知性
喜び、感動、共感、怒り、不安感など
行動力、実行力

▼

能力領域
a. 人としての自覚　　　　　e. 企画・開発、創造力 　　ライフスタイル　　　　 f. 協調性、順応性 b. 学習・仕事への意欲、感心　g. コミュニケーション能力 c. 基礎・専門知識、技術、応用力　h. リーダーシップ d. 問題解決能力　　　　　 i. 体力保持、運動能力

▼

生涯キャリア発達課題
自己・他者理解、受容　自己教育力、向上心　アイデンティティの確立　進路選択、キャリアプラン　生きがい、自己実現　パートナーシップの確立　生涯学習の継続　ボランティア、社会貢献　伝統文化の継承　健康・体力維持

出所：宮崎（2006）『若者のためのキャリアプランニング』20頁

社会経済環境の急激な変化、急速な技術革新、高齢化を背景に、生涯学習の分野で「リカレント教育（recurrent education）」が盛んに叫ばれている。趣旨は、「人々がこれまで習得した知識・技術の陳腐化を防ぎ、労働の機会、能力発揮の機会を保障し、もって、自己実現、豊かな人生を過ごせるようにする」ことです（OECD報告書『リカレント教育―生涯学習のための戦略』1973年）。

言い換えると、教育サービスの提供を青少年期に集中させるのではなく、一生涯にわたり個人が学びたいと思ったときにいつでも実施できる環境を整えることを目指すものとなっています。

人々の人生が順次やってくるC（子供期）・E（教育期）・W（仕事期）・R（引退期）の時代からEとW、さらにはRの間を自由に行き来する時代が来るというのが基本的な考え方になっています。

STEP—3　自己診断してみよう！

STEP-1で振り返ったように、人生において＿＿＿＿＿＿＿＿との別れ（分離）を経験することにより＿＿＿＿＿＿＿＿のプラス面と＿＿＿＿＿＿＿＿のマイナス面の影響があった。自分の成長には＿＿＿＿＿＿＿＿＿＿＿＿＿＿＿＿＿＿の点で影響を受けていることがわかった。

～Memo～

STEP—4　周囲に耳を傾けよう！

＊この世に「雑用」という用はありません。私たちが用を雑にした時、雑用が生まれます（渡辺和子）
＊人間には幸福のほかに、それと全く同じだけの不幸が常に必要である（ドストエフスキー『悪霊』新潮社）

■ポイント／教訓

折り合いをつけることが人生のかじ取りである

■さらなる発展的学習のための参考文献

＊本田由紀『教育の職業的意義―若者、学校、社会をつなぐ』2009年、筑摩書房
＊川端大二『ポジティブ・シンキングの仕事術―人と職場を変えるプラス思考30』2006年、日本経団連出版

Ⅲ―旅路編：将来へ一歩踏み出す

45―人生キャリアの停留所

【用語の解説】エンパワーメント (empowerment) とは、「自信を与えること・力をつけさせること」であるが、心理学やキャリア関連分野では「モチベーションの源泉」の意味で使われることが多い。

　2013年9月6日、ジブリ作品（宮崎アニメ）の生みの親である宮崎駿監督が突如、引退宣言をし、世間を騒がせました。同日、プロ野球楽天イーグルスの田中将大投手（当時24）が、101年前に作られたメジャー記録を抜く開幕20連勝という世界新記録を樹立しました。世界記録と言えば、『寅さん映画シリーズ』でギネス記録を更新し続けた山田洋次監督は、"やってみなきゃわからない"というエンパワーメントを重視して「○作目まで」と終わりを決めているわけではありませんでした（＊幻となった未完の49・50作目の構想もありました）。後に、特別編が作られています。

STEP―1　ワークにトライしてみよう！

Q. 以下の文は2013年9月6日に引退宣言をした映画監督・宮崎駿氏の「公式引退の辞（全文）」です。これを読んで、下線部の宮崎監督の胸の内を思い巡らしてみよう（10分程度）

　ぼくは、あと10年は仕事をしたいと考えています。自宅と仕事場を自分で運転して往復できる間は、仕事をつづけたいのです。その目安を一応"あと10年"としました。もっと短くなるかもしれませんが、それは寿命が決めることなので、あくまでも目安の10年です。

　ぼくは長編アニメーションを作りたいと願い、作って来た人間ですが、作品と作品の間がずんずん開いていくのをどうすることもできませんでした。要するにノロマになっていくばかりでした。"風立ちぬ"は前作から5年かかっています。次は6年か、7年か……それではスタジオがもちませんし、ぼくの70代は、というより持ち時間は使い果されてしまいます。

　長編アニメーションではなくとも、やってみたいことや試したいことがいろいろあります。やらなければと思っていること――たとえばジブリ美術館の展示――も課題は山ほどあります。これ等は、ほとんどがやってもやらなくてもスタジオに迷惑のかかることではないのです。ただ家族には今までと同じような迷惑をかけることにはなりますが。

　それで、スタジオジブリのプログラムから、ぼくをはずしてもらうことにしました。ぼくは自由です。といって、日常の生活は少しも変わらず、毎日同じ道をかようでしょう。土曜日を休めるようになるのが夢ですが、そうなるかどうかは、まぁ、やってみないと判りません。

　ありがとうございました。

―＊＜心境・胸の内＞―――――――――――――――――――――――――

≪板書説明≫ Drift（ドリフト）とは「成り行き任せ」という意味であり、社会学者の梅原勉教授により名付けられました。この場合、デザインとドリフトは対義語になります。

```
Design        Drift        …行き当たりばったりの人生!?
（設計）      （漂流）

 stop designing   ===>  無計画な人生 [drift]
　〜することをやめる
 stop to design   ===>  自己との対峙 [design]
　〜するために立ち止まる
```

●第5章―自分と折り合う

STEP-2　2種類のドリフト

ドリフト（漂流物・流れ者）が語源となり、行き当たりばったりのいい加減な人生を歩む人々という意味で使われます。しかし、このドリフトにも2通りの解釈があります。一つ目は、モーターエンジンが壊れてしまったボート（左）であり、二つ目はエンジンこそないものの、しっかりと帆を広げ、自然な風を受けながら目的地に向かって進んでいるボート（右）です。

両者の大きな違いはなんでしょうか？内的要因に集中しがちな前者に対して、後者は外的環境とも上手く歩調を合わせながら、それほど力むでもなく自然な流れに身を任せている感じが伝わってきますよね。

STEP-3　自己診断してみよう！

これまでの自分の人生で小休止をする時期は（ あった・なかった・わからない ）。STEP-1 や STEP-2 で理解したことを踏まえると、人生において小休止の時期は（必要 ・ 不要）であることも分かった。これからの人生の中で、時々＿＿＿＿＿＿＿＿＿＿＿＿＿＿＿＿＿＿＿＿＿＿＿＿をして立ち止まってみようかと思う。

～Memo～

STEP-4　周囲に耳を傾けよう！

＊どうせ考えるならでっかく考えろ（ドナルド・トランプ）
＊どんな芸術家でも最初は素人だった（エマーソン）
＊我々は前進を続けます。前進とは、ただ前に進むということではなく、夢を見て、働き、よりよい生活方法を築くことです（ウォルト・ディズニー『ウォルト・ディズニー夢をかなえる100の言葉』ぴあ）

■ポイント / 教訓

> 人生の不安定期では夢を大きく思い描く

■さらなる発展的学習のための参考文献

＊夏目漱石（著）・長尾 剛（編）『人生というもの』2007 年、PHP 研究所
＊山田洋次・朝間義隆（作）・寅さん倶楽部（編）『寅さんの人生語録』1989 年、PHP 研究所

Ⅲ―旅路編：将来へ一歩踏み出す

46―人生のスナップボタン

【用語の解説】スナップボタン（snap button）。snap とは［パチン・カチャ］という音や簡単な仕事という意味であり、意を決して取り組むことを指します。S.ハンセンは、人生役割を担う１つ１つの物語が一片一片のキルト（パッチワーク）のように物語全体を形作ると考えました。

　現在の「ボタン」の原型は、古くは紀元前4000年頃のエジプトの遺跡から出土しています。金属製のボタンが登場したのは、もっと最近です。18世紀のイギリスからヨーロッパに広がり、その後アメリカの独立戦争を経て、アメリカでジーンズの普及とともに多様な金属ボタンが生まれました。日本では、明治初期に海軍・陸軍の制服に採用されたのが始まりです。「穴かがりに金属製品を入れて紐の代用にする」という意味から「紐釦」と書いてボタンと読ませました。ちなみにボタンという言葉の起源は定かではありませんが、ポルトガル語の BOTAO（花のつぼみ）から来ているという説が有力です。（YKKスナップファスナー株式会社HP http://www.ykksnap.co.jp/ より引用）

STEP―1　ワークにトライしてみよう！

Q. ここでは、夢実現に向けた"小一歩"を踏み出すために、ジーンズの製造工程にならって自分自身との約束（小さな決意）をしてみましょう（20～25分程度）

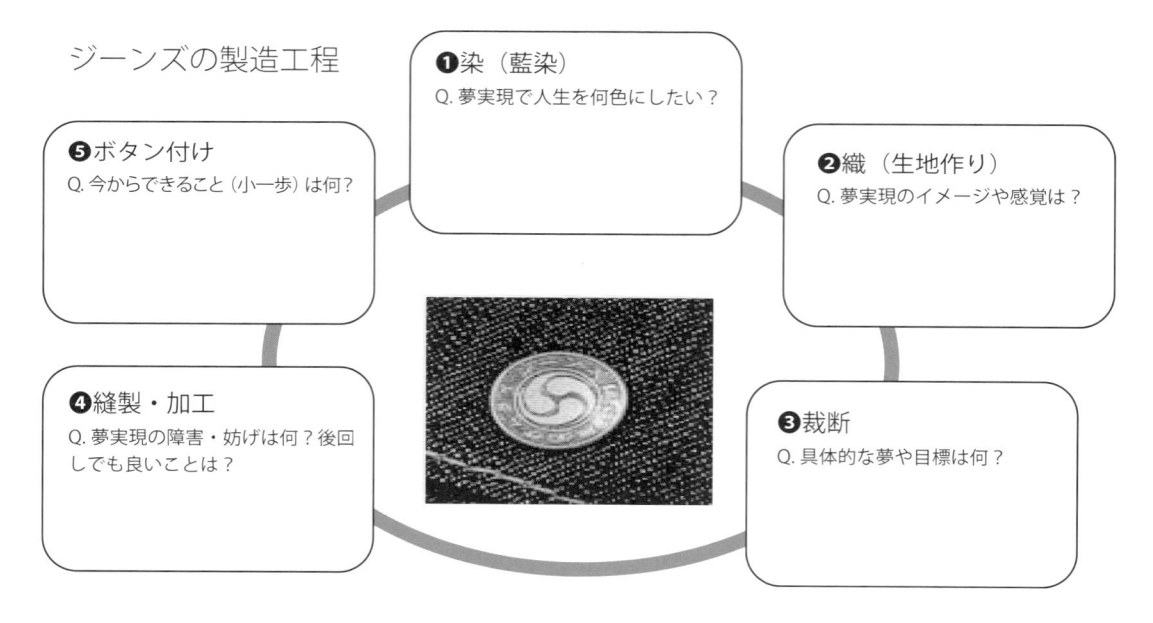

ジーンズの製造工程

❶染（藍染）
Q. 夢実現で人生を何色にしたい？

❷織（生地作り）
Q. 夢実現のイメージや感覚は？

❸裁断
Q. 具体的な夢や目標は何？

❹縫製・加工
Q. 夢実現の障害・妨げは何？後回しでも良いことは？

❺ボタン付け
Q. 今からできること（小一歩）は何？

覚悟（仏教用語）
＝迷いから覚めて真理を悟ること
＝真理に目覚める

≪板書説明≫
死への恐怖から、普段、人は死期を無意識的に考えようとはしません。瀬戸内寂聴先生も「人生には終わりがあると覚悟することで今をより大切に生きることができる」といっています。

STEP-2　目標達成のチェックリスト

✓欄	チェック項目
	目標について考えたか
	目標達成について確固たる自信をもっているか
	自己暗示したか
	精神は安定していたか
	誠実であったか
	行動的であったか
	創造力を働かせたか
	時間を有効に使ったか
	執念をもったか
	自己責任を取る覚悟があるか 人に頼ろうとしていなかったか

出所：内海英博『人の10倍仕事をやり抜くメンタルトレーニング』(2003)141-142頁。

　筆者は大学院生時代に社会保険労務士（国家資格）受験をしました。その際、左図のチェックリストを活用し、大学院との両立（Wスクール）を試みました。毎晩、寝る前に1日の学習を振り返りました。自分には嘘はつけません。何より、難関資格の取得を目指すと決意したのは他ならぬ私自身です。やると決めたからには"覚悟"を持つしかありませんでした。いろんな方法がありますが、結果的に、逃げられない状況であると覚悟を決め、きちんと自分と向き合ったことが精神安定剤になったと当時のことを振り返ります。

STEP-3　自己診断してみよう！

STEP-1から、夢実現に向けたスタートは切れて（おり・おらず）、小一歩として＿＿＿＿＿＿＿＿＿＿＿＿＿＿＿＿＿＿＿＿ができることがわかった。そもそも、自分は目標達成のための覚悟が（十分である・不十分である）と思う。STEP-2の＿＿＿＿＿＿＿＿と＿＿＿＿＿＿＿＿とのチェック項目に留意しながら、＿＿＿＿＿＿＿＿＿＿＿＿＿＿をライフワークとしてやっていきたい。

―Memo―

STEP-4　周囲に耳を傾けよう！

＊どの道を行くかは、あなたがどこに行きたいかによります（ルイス・キャロル『不思議の国のアリス』新潮社）
＊人生の目的は行為にして、思想にあらず（カーライル『英雄崇拝論』岩波書店）
＊アノネ がんばんなくてもいいからさ 具体的に動くことだね（相田みつを）

■ポイント / 教訓

自ら自己の代表としての覚悟を決める

■さらなる発展的学習のための参考文献

＊松原泰道・五木寛之『いまどう生きるのか』2011年、致知出版社
＊内海英博『日米資格4冠王の超スピード学習法』2002年、日本実業出版社
＊瀬戸内寂聴『孤独を生きる』1998年、光文社

Ⅲ―旅路編：将来へ一歩踏み出す

47―とりあえず志向

【用語の解説】　とりあえず志向（for the time being orientation:FTBO）
[語源] 取るべきものもとりきれず。[意味] ①たちまち、たちどころに　②さしあたって、まず一応

　最近、私たちの身の周りであふれている「とりあえず」という言葉があります。とくに、就職難の時代を生きる若者の間では「とりあえず定職」希望者が急増中です。人生の節目節目に訪れるライフイベントをとりあえずの考えで選択することについて皆さんはどう思いますか？

STEP-1　ワークにトライしてみよう！

Q.「とりあえず」についての自由作文を書いてみよう（200字、15分程度）

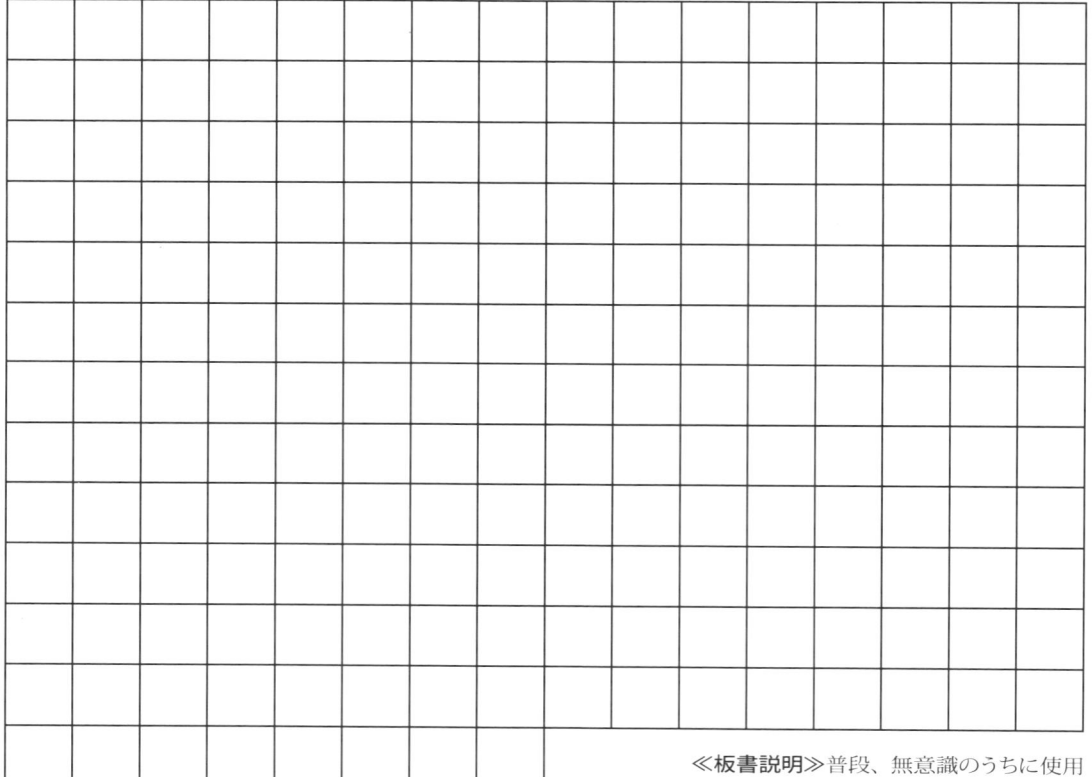

≪板書説明≫普段、無意識のうちに使用しがちなとりあえずですが、哲学・言語学の分野でも「時間的要素」として、2つの意味合いから捉えられます。中嶌（2015）では「いち早く安心したい」という前者（①の意味）だけでなく、将来への変化・追加の可能性を含む後者（②）の意味合いでのとりあえず志向が自覚的なキャリア形成に重要である点が実証されています。

とりあえず ┫ 時間選好性（性急さ）…用語の解説①の意味
　　　　　 ┫ 時間順序の選択性（持続性、リラックス感）…用語の解説②の意味

●第6章—自己キャリアを育む

STEP-2 「とりあえず」志向への賛否と自由回答の変化

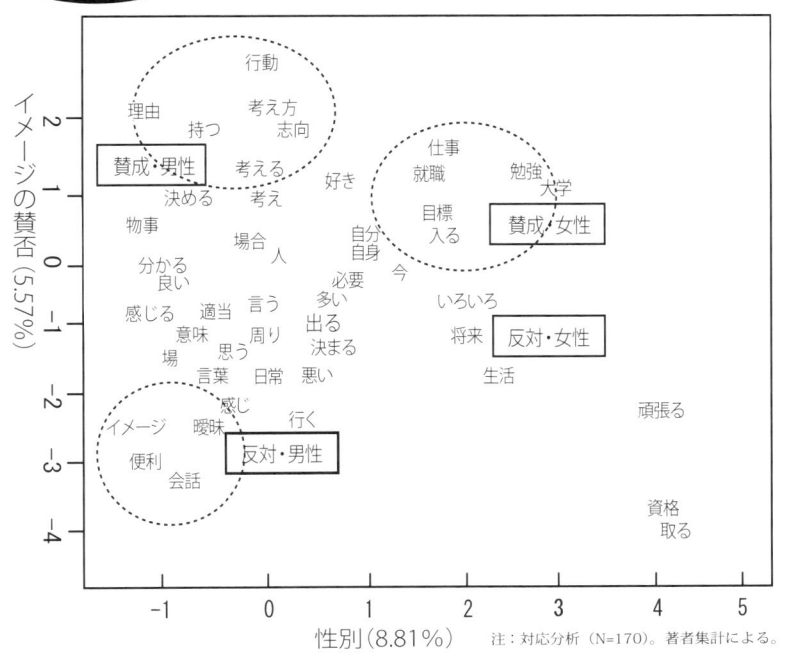

大学生170人のとりあえずに対するイメージは、賛成:反対:両方＝5:6:8でした。左図より、男性は賛否の違いによる理由の違いが比較的はっきりしていたのに対して、女性ではその差はみられず、総じて前向きな見解が多いことがわかります。

地方公務員（行政事務職）を対象として筆者が行った同様の調査では、「次のステップになる」という②の意味のとりあえず志向と将来ビジョンの間で正の相関関係にあることを確認しています。

≪補足説明≫ D.E. スーパー博士も時間の概念を導入し、『TheDynamics of Vocational Adjustment』（1942）の中で職業選択を一時的な出来事としてではなく、発達的なプロセスとしてとらえています。

STEP-3 自己診断してみよう！

私は＿＿＿＿＿の時に"とりあえず"を使ったり、耳にすることがあるが、これまでは（プラス・マイナス）の意味で捉えがちだった。

今後、プラスの意味で積極的に使うとすれば＿＿＿＿＿
＿＿＿＿＿な場面での使用が考えられる。

STEP-4 周囲に耳を傾けよう！

* どんな時にでも通用する魔法の言葉だが、この言葉を頻繁に使用している人は人生を有意義に過ごせているのではないかと思う（19歳・男子学生）
* とりあえずを上手く使えれば物事を効率的に行えると思う（21歳・女子学生）
* とりあえずなら、気持ち的に楽に行動できるし、何だかやれそう（20歳・男子学生）
* 夢を抱いた後はアクションや元気が大事（カール.E.ワーク）

■ポイント/教訓

とりあえずの行動はキャリア形成の第一歩である

■さらなる発展的学習のための参考文献

* 中嶌剛『とりあえず志向とキャリア形成』2015年、日本評論社
* 河合隼雄『無意識の構造（改版）』1977年、中央公論新社

III―旅路編：将来へ一歩踏み出す

48―生涯賃金の感覚的把握

【用語の解説】コストパフォーマンス（cost-performance、コスパ）とは、あるものが持つコスト（費用）とパフォーマンス（効果）を対比させた度合いで、費やす金額よりも価値が高い（低い）場合はコスパが高い（低い）といいます。別名は費用対効果 (B/C) です。

わが国の新卒一括採用制度の下では、卒業時点の景気・経済状況が、その後の将来にわたり長く影響することを「世代効果」といいます。新卒の非正規雇用者や学卒無業者（ニート）の若者が増えることに加えて、深刻な正規と非正規の格差拡大が社会問題になっています。

STEP―1　ワークにトライしてみよう！

Q．「Aさんのライフプラン表」のh欄とk欄から、現在までの稼得賃金とこれからの稼得賃金を計算してみよう（5分程度）　cf. Aさんが23歳から65歳まで働き続けられた場合を想定しています。

Aさんのライフプラン

歳	正社員 b	c	イベント d	子ども e	税など天引き後の手取り h	(家族数で変わる)	支給1.5 ボーナス k	r 家族貯蓄計	s 世帯主 年積立	u 世帯主 1〜6月 8〜11月	v [生活費] 世帯主 7・12月
22											
23	196,200		社会人	166,493	166,493			180,000	180,000	146,493	0
24	210,300			160,161	160,161		315,450	860,900	860,900	140,161	190,000
25	229,100			174,480	174,480		343,650	1,766,200	1,766,200	140,480	190,000
26	235,000			178,976	178,976		352,500	2,803,200	2,803,200	142,976	100,000
27	246,000		結婚　主婦パート	187,353	187,353		369,000	4,581,200	3,981,200	142,353	100,000
28	268,000			204,108	204,108		402,000	6,605,200	5,405,200	144,108	100,000
29	293,000		子1	223,148	228,422		439,500	8,344,200	7,144,200	148,422	100,000
30	318,500		2	242,568	248,302		477,750	10,215,700	9,015,700	155,302	200,000
31	347,000		3 子1	264,275	288,278		520,500	12,536,700	11,338,700	173,218	100,000
32	378,500		4　2	268,264	314,381		567,750	15,332,200	14,132,200	159,381	200,000
33	385,000		5　3 home	293,276	319,781		577,500	18,857,200	17,057,200	159,787	150,000
34	397,000		6　4	357,855	365,248		595,500	22,838,200	20,438,200	170,248	150,000
35	432,500		7　5	329,392	359,235		648,750	26,841,700	23,841,700	171,235	150,000
36	456,000		8　6	348,812	380,414		687,000	31,125,700	27,525,700	175,474	150,000
37	470,000		9　7	357,952	390,382		705,000	35,565,700	31,365,700	175,382	150,000
38	485,000		10　8	369,376	402,841		727,500	40,230,700	35,430,700	172,841	150,000
39	490,000		11　9	373,184	406,994		735,000	44,970,700	39,570,700	171,994	150,000
40	500,000		12　10	380,800	415,300		750,000	49,800,700	43,800,700	175,300	150,000
41	505,000		13　11	384,508	419,853		757,500	54,705,700	48,105,700	174,453	150,000
42	510,000		14　12	388,416	423,606		765,000	59,685,700	52,485,700	173,606	150,000
43	515,000		15　13	392,224	427,759		772,500	64,680,700	56,880,700	177,759	150,000
44	520,000		16　14	396,032	431,912		780,000	69,810,700	61,410,700	171,912	150,000
45	532,000		17　15	405,171	441,879		798,000	75,036,700	66,036,700	176,879	150,000
46	542,000		18　16	412,787	450,185		813,000	80,412,700	70,812,700	175,185	150,000
47	550,000		19　17	418,880	456,830		825,000	85,872,700	75,672,700	176,830	150,000
48	558,000		20　18	424,972	463,474		837,000	91,416,700	80,616,700	178,474	150,000
49	562,000		21　19	428,019	466,797		843,000	97,032,700	85,632,700	176,797	150,000
50	570,000		22　20	434,112	473,442		855,000	102,732,700	90,732,700	178,442	150,000
51	575,000		23　21	437,920	448,270		862,500	107,907,700	95,907,700	178,270	150,000
52	580,000		24　22	441,728	452,168		870,000	112,797,700	100,797,700	178,168	150,000
53	585,000		25　23	445,536	445,536		877,500	117,762,700	105,762,700	177,168	150,000
54	590,000		26　24	449,344	449,344		885,000	122,802,700	110,802,700	165,536	150,000
55	585,000		結婚 25	445,536	445,536		877,500	127,787,700	115,767,700	164,344	150,000
56	582,000		28　26	443,251	443,251		873,000	132,373,700	120,373,700	165,536	150,000
57	580,000		29　27	441,728	441,728		870,000	137,273,700	125,273,700	163,251	150,000
58	580,000		30　28	441,728	441,728		870,000	142,173,700	130,173,700	161,728	200,000
59	575,000		31 結婚	437,920	437,920		862,500	146,998,700	138,998,700	161,728	200,000
60	575,000		32　30	437,920	437,920		862,500	151,823,700	139,823,700	162,920	200,000
61	350,000			266,000	266,000		525,000	153,833,700	141,833,700	162,920	200,000
62	350,000			266,000	266,000		525,000	155,843,700	143,843,700	166,000	240,000
63	350,000			266,000	266,000		525,000	157,853,700	145,853,700	166,000	240,000
64	350,000			266,000	266,000		525,000	159,863,700	147,863,700	166,000	240,000
65	350,000			266,000	266,000		525,000	161,873,700	149,873,700	168,000	240,000
計	231,121,200	0		176,618,940	185,037,924		57,780,300			85,065,924	7,230,000

〈板書〉

	＜正社員＞	＜フリーター＞
平均年収	380万	150万
	↓ ×45年	↓ ×45年
生涯賃金	2.7億円	7000万円　1/4

≪板書説明≫

生涯賃金の差(2億7000万-7000万)から、"フリーターは2億円で自由を買う"などと揶揄（やゆ）されることもあります。さらに、キャリア開発が困難、転職先のレベルダウン等のデメリットが多いのも事実です。

●第6章―自己キャリアを育む

STEP-2 年齢階級・学歴・男女別にみた年収

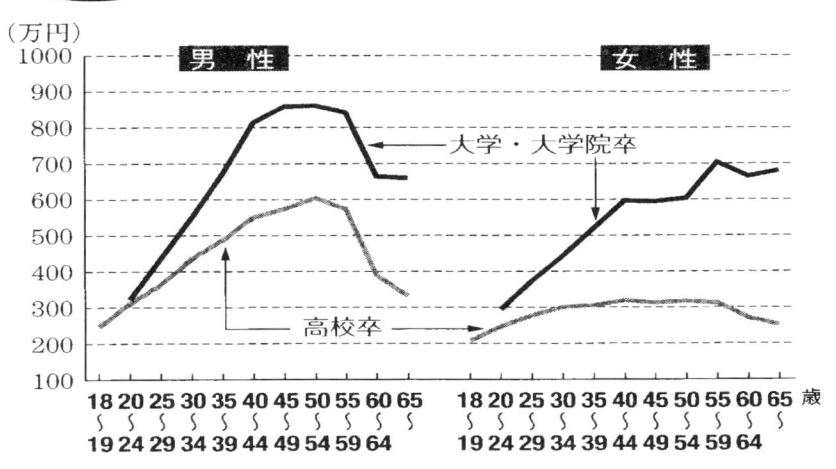

(万円)
男性　女性
大学・大学院卒
高校卒

18～19　20～24　25～29　30～34　35～39　40～44　45～49　50～54　55～59　60～64　65歳

左図より、年齢階級ごとに学歴別の賃金プロファイルをみると、収入格差は年齢を重ねるほど大きくなることがわかります。性別で見た場合、男性よりも女性の方が格差は大きくなります。これは、女性の高校卒では非正規雇用の状態で勤務を継続したところでほとんど賃金の上昇が見込めないことを表しています。

（注）常用雇用者10人以上の企業のパートを除く一般労働者についての、2007年6月分の「きまって支給する現金給与額（残業代含む）」を12倍し、2006年1年間分の「年間賞与その他の特別給与額」を合算した年収。
（出所）厚生労働省「平成19年賃金構造基本統計調査」。

≪補足説明≫人によって金銭の「機能的価値（欲しいものが買える）」と「心理的価値（心のゆとりが持てる）」のどちらを重要視するかでコストパフォーマンスの解釈も大きく変わります。

STEP-3 自己診断してみよう！　＊解答は127頁を参照

人生のコストパフォーマンスをどのように考えればよいだろうか？　STEP-1のライフプラン表より、一生涯で獲得する総収入額（＝h欄の総計＋k欄の総計）は＿＿＿＿＿円である。
一方、一生涯に消費する生活費（u欄の総計＋v欄の総計）は＿＿＿＿＿円である。また、「総収入額－総支出額（生活費の合計）＝総貯蓄額」の計算式から、総貯蓄額は＿＿＿＿＿円と計算できる。その総貯蓄の使途は＿＿＿＿＿である。

～Memo～

STEP-4 周囲に耳を傾けよう！

＊貧乏は貴重である。お金では買えない（フランク・シナトラの映画より）
＊報酬以上の仕事をしないものは仕事並みの報酬しか得られない（エルバート・ハバード『ガルシアへの手紙』総合法令出版）

■ポイント／教訓

人生におけるコストパフォーマンスは貯蓄額の使途が関係する

■さらなる発展的学習のための参考文献

＊出口治明『「働き方」の教科書―人生と仕事とお金の基本』2017年、新潮社

III―旅路編：将来へ一歩踏み出す

49―彩る人生キャリア

【用語の解説】 S.ハンセン博士による統合的生涯設計（ILP：Integrative Life Planning）とは、家庭での役割・仕事上の役割・文化・性別・思考等の個のキャリア問題を社会への積極的影響との相互作用により、全体として捉えることの大切さを主張しています。

四国一小さな町・徳島県上勝町で起こった奇跡の実話。山で採れる葉っぱを料理の"つまもの"として、70代、80代の女性たちを主戦力に事業を起こした結果、年商2億円以上のビッグビジネスに成長し、地域おこしや人口増加につながった。つまり、**これまでの人生経験が思いがけない形で表現できる可能性が誰にでもあることをこの映画は教えてくれる。**（映画『人生、いろどり』パンフレットより引用）

STEP―1　ワークにトライしてみよう！

Q．次の人生の環（サークル・オブ・ライフ）は9時の位置から始まり、外周を時計回りに一周する形で一生が示されます。まず、中心円に自分を表す最大の特徴・使命を書こう。次に、生活パターン（外円）が中心円の特徴と一体化しているかを3つの外的要因との関わりから確かめてみよう。

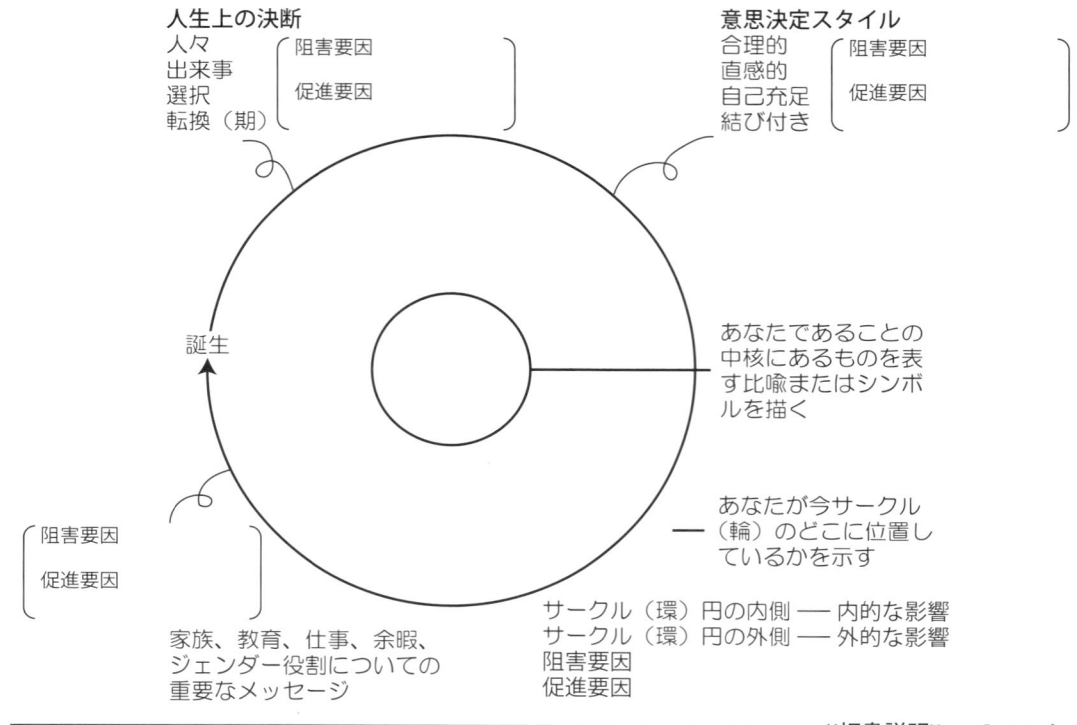

人生上の決断
人々
出来事
選択
転換（期）
〔阻害要因／促進要因〕

意思決定スタイル
合理的
直感的
自己充足
結び付き
〔阻害要因／促進要因〕

誕生

あなたであることの中核にあるものを表す比喩またはシンボルを描く

あなたが今サークル（輪）のどこに位置しているかを示す

〔阻害要因／促進要因〕

家族、教育、仕事、余暇、ジェンダー役割についての重要なメッセージ

サークル（環）円の内側 ── 内的な影響
サークル（環）円の外側 ── 外的な影響
阻害要因
促進要因

統合的生涯設計
（4つのL）
労働 Labor
愛 Love
学習 Learn
余暇 Leisure

≪板書説明≫ S.ハンセンは人生におけるすべての役割を盛り込んだ「ライフキャリア」という概念を提唱しました。キャリアを構成する労働・学習・余暇・愛の4つの要素をバランスよく取り入れた生活が重要であるといっています。

●第6章—自己キャリアを育む

STEP-2　人生の過渡期（キャリア・トランジション）

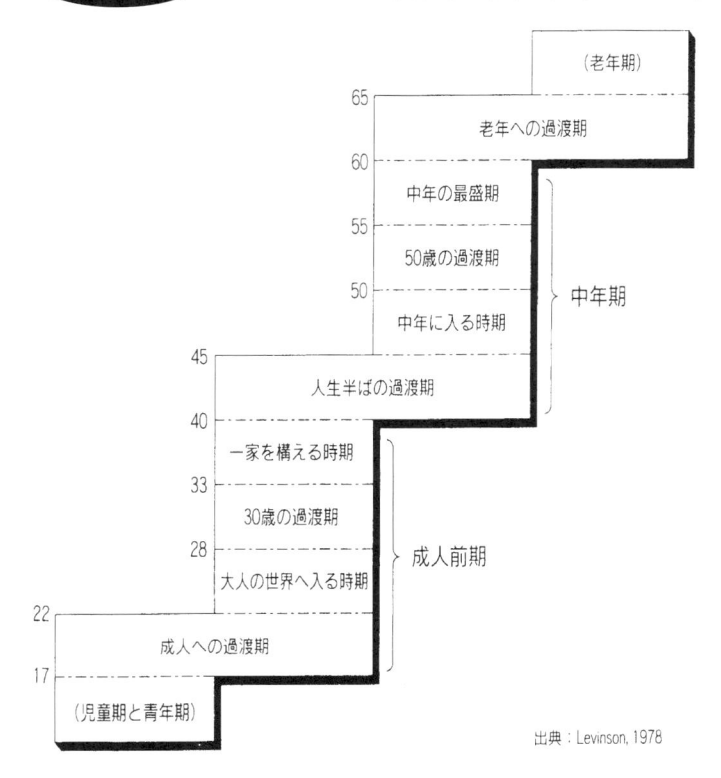

```
65 ┬─────────
   │（老年期）
60 ┤ 老年への過渡期
   │ 中年の最盛期
55 ┤                    ┐
   │ 50歳の過渡期       │
50 ┤                    ├ 中年期
   │ 中年に入る時期     │
45 ┤                    ┘
   │ 人生半ばの過渡期
40 ┤
   │ 一家を構える時期
33 ┤                    ┐
   │ 30歳の過渡期       │
28 ┤                    ├ 成人前期
   │ 大人の世界へ入る時期│
22 ┤                    ┘
   │ 成人への過渡期
17 ┤
   │（児童期と青年期）
```
出典：Levinson, 1978

年齢という時間の経過の節目に行う人生儀礼（例：成人式）があります。長い人生の過程において、社会環境ばかりではなく、成長段階に応じて個人の興味・関心・価値観も変容することが考えられます。

生涯発達心理学者のD.レビンソンは安定期とつぎの安定期との狭間に、成長段階ごとの過渡期（トランジション）がやってくると考えました。たとえば、青年期から成人前期への移行過程にある「成人への過渡期（17～22歳）」、成人前期から中年期の移行過程にある「人生半ばの過渡期（40～45歳）」です。しかも、その約5年間の過渡期は不安定な時期であるともいわれます。しかし、シュロスバーグは"人の発達過程にはこの不安定な時期があるからこそ意味がある"とさえいっています。

STEP-3　自己診断してみよう！

STEP-2の中から、現在の自分は＿＿＿＿＿＿＿の時期にあることがわかった。直近の過渡期は＿＿年後に来るはずなので、その時まで＿＿＿＿＿＿＿の備えをして、不安定な時期を上手にくぐり抜けたい。

～Memo～

STEP-4　周囲に耳を傾けよう！

＊人間の一生には一度はまたとない好機が来る（小説家 遠藤周作）
＊人間は生きている間に、充分仕事もし、充分生活も享しんで置けば、安心して死なれるのではないかと思う（作家 菊池寛）

■ポイント／教訓

> 誰にでも過去の人生経験が思いがけない形で表現できる可能性がある

■さらなる発展的学習のための参考文献

＊邑井操『遅咲きの人間学 大器晩成のすすめ』1984年、PHP研究所

III—旅路編：将来へ一歩踏み出す

50—キャリアの将来予見性

【用語の解説】将来予見性：将来に何が起こるかを現在の状況から見通しを立てる（見立てる）ことです。近未来メガネ：メガネを通して見た現実風景にAR（拡張現実）が盛り込まれるものです。

　全盲者は目が見えないのになかなかケガをしない。むしろ目の見える人のほうが石につまずいたり、ものに突き当たったりしてよくケガをする。なまじっか目が見えるがために油断をするのである。乱暴になるのである。目の見えない全盲者は手さぐりで進む。一歩一歩が慎重である。謙虚である。そして一歩歩むために全神経を集中する。これほど真剣な歩み方は目の見える人にはちょっとあるまい。(松下幸之助『道をひらく』1968年、16-17頁、PHP研究所、一部修正あり)

STEP—1　ワークにトライしてみよう！

Q．いま自分が一番熱中していることを内枠に記した後に、そのことを極めるために"こうありたい（なりたい）！"という状況を、実現できそうな範囲で外枠（4区分）に拡張表現してみよう。（20分程度）

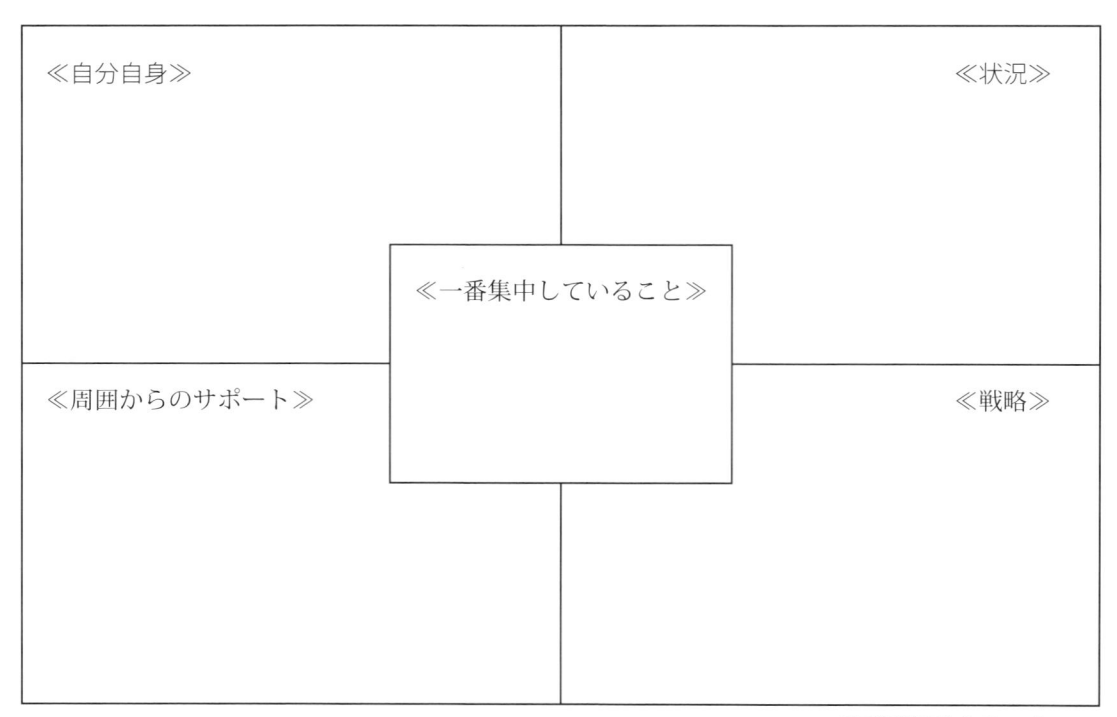

≪自分自身≫	≪状況≫
≪周囲からのサポート≫	≪戦略≫

中央：≪一番集中していること≫

4つのS
① Situation（状況）
② Self（自分自身）
③ Support（周囲からの援助）
④ Strategies（戦略）

≪板書説明≫トランジションが起こると、①自分の役割、②人間関係、③日常生活、④自分の考え方の変化が1つまたは2つ以上起きるとされます。この4Sによりどのような状態にあるかを掴むことで、直面する転機に対してどのような資源（リソース）があるかが効果的に確認できます。

STEP-2 キャリア転換期の留意点：シュロスバーグ

①責任と自覚を持って自己管理する
②変化、およびその影響を明らかにする
③思い切って絞り込む
④終わったものを明らかにする
⑤自分のありのままの感情を受容する
⑥継続・維持すべきものを明らかにする
⑦決断に十分な時間をかける

状況の転換が起こるとき、我々には
（イ）自分の役割
（ロ）人間関係
（ハ）日常生活
（ニ）自分自身の考え方
に変化が起こるといわれています。米国の心理学者ウィリアム・ブリッジスは、ある状態から次の状態に移る過程で、不安定な（ニュートラルな）時期を迎えることを指摘し、その段階をどのように自己管理していくかが次のステップへの鍵になるといっています。

まず、左表の①・②で変化の状況を見定め、③・④ではリソースを点検します。そして、⑤・⑥・⑦で状況変化を受け止める作業を行うことになります。

参照：宮城（2002）

STEP-3 自己診断してみよう！

いま転換期に（ ある・ない ）私だが、STEP-2 から（イ・ロ・ハ・ニ）の状態を転機のきっかけとして捉えることができる。その変化は＿＿＿＿＿＿のプラスの影響をもたらすことが考えられるが＿＿＿＿＿＿の資源をうまく活用すれば＿＿＿＿＿＿＿＿＿＿＿＿を実現することができるかもしれない。

～Memo～

STEP-4 周囲に耳を傾けよう！

＊目的を見つけよ。手段はついてくる（マハトマ・ガンジー）
＊夢をかなえる秘訣は4つのCに集約される。それは「好奇心（Curiosity）」「自信（Confidence）」「勇気（Courage）」「継続（Constancy）」である。（ウォルト・ディズニー）

■ポイント／教訓

変化を敏感に察知するために思考を柔軟にする

■さらなる発展的学習のための参考文献

＊宮城まり子『成功をつかむための自己分析』2007年、河出書房新社
＊宮城まり子『キャリアカウンセリング』2002年、駿河台出版社

Ⅲ―旅路編：将来へ一歩踏み出す

51―キャリアのシナリオ・ハンティング

【用語の解説】シナリオ（scenario）とはラテン語の scena（舞台）から派生した言葉で場面（シーン）をつなぎ合せた筋書きのことです。シナリオ・ハンティングとは脚本を書き出す前に歩き回って舞台になる場所を探すことで、人生における自分探しの旅と似ています。

　成功者の成長プロセスは、ライフサイクル的な見方があるが、それらのプロセスを通じて大事なことは、「逃げないこと」をいつ覚えるかということである。人間は、なまじ知恵があるだけに、嫌なこと、難しいことから、つい逃げたくなる。しかし、逃げ癖がなくならないと成長はおぼつかないといえる。その理由は、人生というのは、ショック＝逃げたいことを乗り越えてはじめて開け、次へ進めるものだからである。その意味で、死線を越えなければならないような苦労の経験が、早い時期にあればあるだけ、成長へのプロセスは順調に開けるといえよう。ともあれ、成功するためには、逃げないことを体得しなければ、不可能なことと、それが非常に大事なことをぜひヒントとして理解してほしいのである（船井幸雄『成功のセオリー』1981 年、204-205 頁）

STEP―1　ワークにトライしてみよう！

Q.「私の夢リスト」について、サンプル例を参考に作成してみよう。（10～15分程度）
＊＜手順＞箇条書きで書き出し、すでに取りかかっているものに☆印を入れてみよう！

私の夢のリスト（サンプル）
- ☆1. フルマラソンデビュー
- 2. TOEIC 800点を取得する
- ☆3. 親孝行をする
- 4. 旅行で困らない英語力を身につける
- 5. 宝くじで1億円をあてる
- 6. 宇宙へ旅行に行く
- ☆7. 3キロやせる
- 8. オーロラを見に行く
- 9.「会社の病院！」と呼ばれるようになる
- 10. シンデレラ城で挙式する
- 11. 大豪邸を建てる
- 12. 本を出版する
- 13. 自分だけのスニーカーを作る
- 14. 一眼レフカメラを買う
- 15. ゴルフを習う

私の夢のリスト
1.
2.
3.
4.
5.
6.
7.
8.
9.
10.
11.
12.
13.
14.
15.

≪板書説明≫夢は大きく希望は高くもつことは大切なことです。しかし、"絵に描いた餅"のままでは現実味を感じられず不安ばかりが募ります。思い描く夢や目標が大きければ大きいほど小さな達成を繰り返すことで理想と現実のギャップが埋まり、不安も和らいでいきます。イチロー選手も「小さなことを積み重ねるのが、とんでもないところへ行くただ一つの道と思う」といっています。
（朝日新聞 2009 年 4 月 19 日 1 面）

```
大きな絵(big picture)  => 不安(大)
小さな勝利(small wins) => 不安(小)
```

STEP-2　PDCAサイクルで軌道修正する！

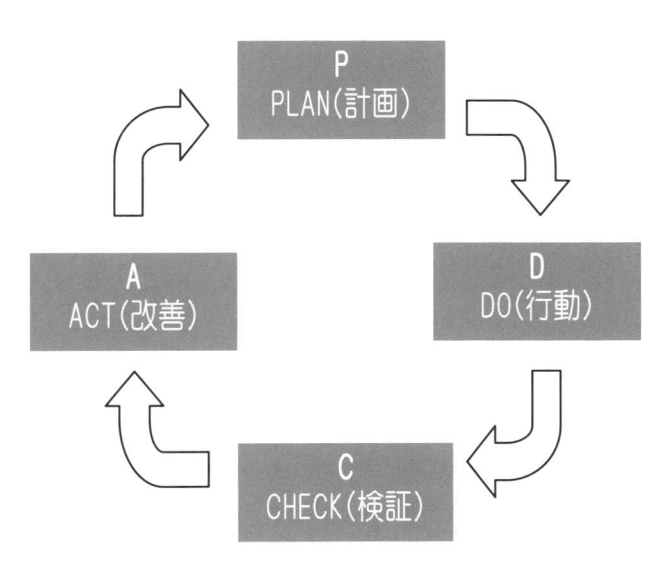

```
        P
     PLAN(計画)
    ↑        ↓
  A              D
ACT(改善)     DO(行動)
    ↑        ↓
       C
    CHECK(検証)
```

　左図の「PDCAサイクル」は、仕事場だけでなく、夢の実現に向けて、人生のいろんな場面で使える基本的な考え方のことです。

　まず、「P=PLAN（計画）」では目標を掲げ実現に向けた計画を立てます。つぎに、「D=DO（行動）」は立てた計画を実行します。そして、「C=CHECK（検証）」で計画通りに実行できているかどうか検証します。さらに、「A=ACT（改善）」で改善点があれば改善していきます。

　このサイクルを繰り返すために、目標設定のレベルを変えたり、目標達成を経験しながら目標レベルを上げていくことにより、達成の実感が得られ、質的向上にもつながっていきます。

STEP-3　自己診断してみよう！

　STEP-1で思い描いた夢は（10個以上・5～9個・4個以下）であり、そのうち、すでに夢実現に向けて何らかの行動に移せているものは（大半・半分くらい・わずか）であった。
　STEP-2で学んだ方法を使うと、夢実現に最も遠かったものでも_____
_____
な計画を立てることで実現に近づけられることを学んだ。

～Memo～

STEP-4　周囲に耳を傾けよう！

＊芯やビジョンを心にしまい込むのではなく、具体的な「行動計画」に落とし込んで、実現に向かって果断に行動してほしいと思います（渡文明 JXホールディングス相談役）
＊想像力は万事を左右する。それは美や正義や幸福を作る。それらはこの世の万事である（パスカル）

■ポイント／教訓

経験した世界の延長線上に自分の将来を置いて考えてみる

■さらなる発展的学習のための参考文献

＊中山庸子『「夢ノート」のつくりかた』2009年、大和出版
＊ハーミニア・イバーラ／金井壽宏 監修・解説／宮田貴子訳『ハーバード流キャリア・チェンジ術』2003年、翔泳社
＊船井幸雄『成功のセオリー』1981年、ビジネス社

Ⅲ―旅路編：将来へ一歩踏み出す

52―キャリアの仕立てあげ

【用語の解説】コミットメント（commitment）とは「与えられた使命を積極的にやり遂げたいという心意気」を意味します。つまり、自分らしいキャリアを築いていくためには、自分の中での意義・価値を明確にして自己演出（self-produce）するひと工夫が重要になってきます。

　ウルトラマラソンの定義は50km、100km、100マイル（160km）以上とさまざまである。何人かのウルトラランナーから話を聞く機会があった。それぞれの走り始めた動機、ウルトラマラソンへの足跡、ウルトラ観は興味深いものだった。ぼくには、彼らが生まれつきウルトラランナーの才能を持ちあわせていたのではないかという予断があった。予断は外れた。ほとんどのウルトラランナーはかつて平凡なランナーや非ランナーだった。彼らはウルトラランナーの才能を持ったひとではなく、自分自身をウルトラランナーに仕立てあげる才能を持った人たちだったのである。

（夜久弘『ウルトラマラソンへの道』1992年）

STEP―1　ワークにトライしてみよう！

Q. あなたの職業が名物プロデューサーだとして、将来の有望株（＝5～10年後の輝ける自分と仮定）を売り出すための自己演出をしてみよう。（15～20分程度）

《キャッチコピー1》＊簡単な自己紹介＊
（　　　歳）

《キャッチコピー2》＊所属・立場＊

《キャッチコピー3》＊長所・特技＊

《キャッチコピー4》＊武勇伝＊

≪板書説明≫仕事の最小単位のことを課業（かぎょう）といいますが、社員1人1人が目の前の業務に対してどういう姿勢やモチベーションで臨むかが職務→チーム→組織（会社全体）へと影響を及ぼします。Vroom（1964）は、〔成果（業績）＝能力×モチベーション〕と積（掛け算）の形で表現し、両方が必須であるといっています。

コミットメント
├仕事/職務
├チーム
└組織
←影響　持論　モチベーション

STEP—2　キャリア・アイデンティティとは？

キャリアの成功指標	
D.T. ホール	N. ニコルソン
主観的な成功指標	客観的な成功指標
自分らしさ・生きがい	地位・名誉・肩書き

　アイデンティティーとは心理学の E.H. エリクソンが提唱した概念であり「自己同一性・自己の統合」という意味です。キャリア・アイデンティティとは、「職業面を含んだ自分のさまざまな役割が限りなく矛盾や葛藤がなく統合されている状態」という意味合いになります。D.T. ホールは、社会の中で多様な役割を担う人間は役割期待に応えなければいけないという自覚（サブ・アイデンティティ）を持っていると考えます。一方、N. ニコルソンは客観的な成功指標を軽視すべきではないといっています。つまり、どちらが正しいのかという観点ではなく、"自分なら"という視点から将来の自分のことを思い巡らすことが重要になります。

STEP—3　自己診断してみよう！

　自分の人生をフルマラソン（42.195km）で考えた場合、現在の自分は_____km 地点にいると思う。つぎの給水ポイントは_____km 先、つまり、_____年後あたりに必要となり、エイドステーションでは_____な支援があれば助かると思う。

~Memo~

STEP—4　周囲に耳を傾けよう！

＊自ら労して自ら食らうは、人生独立の本源なり（福沢諭吉）
＊天才？そんなものは決してない。ただ勉強です。方法です。不断に計画しているということです（ロダン『語録』）
＊人も知識も少しずつ習得していくことによって、ついには真珠のように光り輝く思考をもっているのだ（ヘレン・ケラー『奇跡の人 ヘレン・ケラー自伝』新潮社）

■ポイント/教訓

持論を持つ生き方が自分らしいキャリアの支えとなる

■さらなる発展的学習のための参考文献

＊夜久弘『ウルトラマラソンへの道―人はどこまで長く走れるのか』1992年、ランナーズ

Ⅲ―旅路編：将来へ一歩踏み出す

53―キャリア発進のスイッチ

【用語の解説】キャリア・コンピタンシーとは自己のキャリア形成にとって好影響を与える思考や行動特性のことです。ただ単に、人生という道を「railroad（何かがその上を通る）」ととらえずに「railway（移動する・運ぶなどの目的を伴うもの）」という意識で実感的に生きていければ、振り返った時の重みに差が生じます。

"石の上にも3年"という言葉があるように、人生においては、「良い我慢」と「悪い我慢」があります。例えば、新入社員として働き始めた仕事に適性があるかを見極めるために少々の居心地が悪くても頑張るのは前者になります。それに対して、その職場は明らかに自分には合わないと分かっていながら、（心身ともにボロボロになるまで）頑張り続けるような場合は後者に該当します。自分の心の声に素直に耳を傾けることも、時として重要になります。

STEP―1　ワークにトライしてみよう！

Q. あなたの元気が湧くもの・勇気が出るものを自由に列挙してみよう（5分程度）
例：歌やBGM、映画やドラマ、憧れの人、座右の銘、・・・

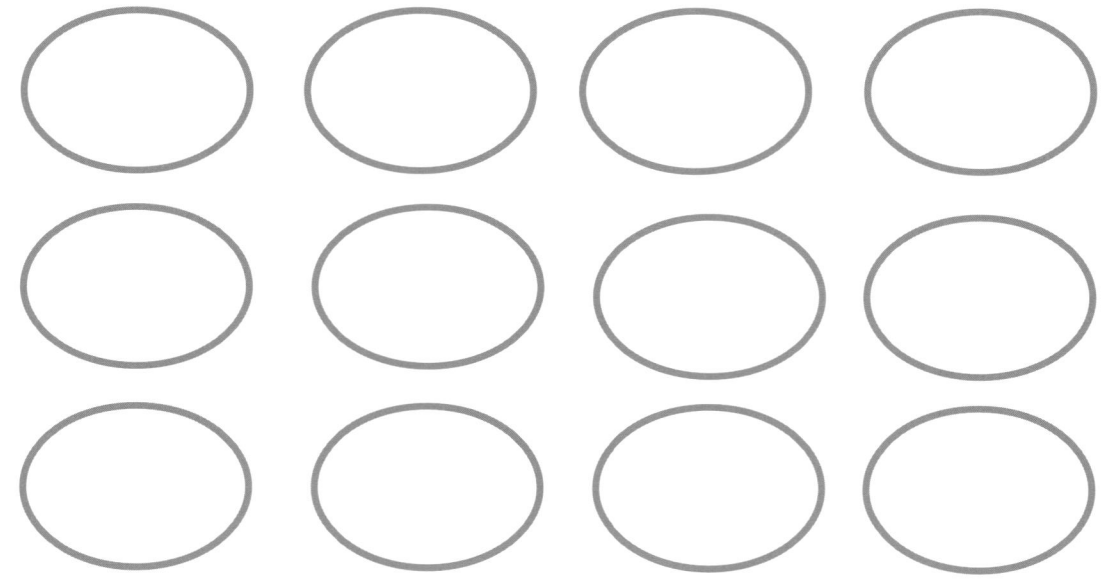

≪板書説明≫短期間に転職を繰り返してきた人の職務経歴書は数行では書き切れないものかもしれません。たとえば、中途採用時に客観的側面だけで判断されると「長続きしない、飽きっぽい」と評価が下される可能性があります。しかし、実際には「○○の意図があって転職を重ねてきた」という主観的側面があり、人生においては後者が重要な意味を持つのです。

人生＝旅
　主観的キャリア…旅する理由、意味づけ
　客観的キャリア…肩書き、社会的価値

●第6章—自己キャリアを育む

STEP—2　E. シャインの3つの問い

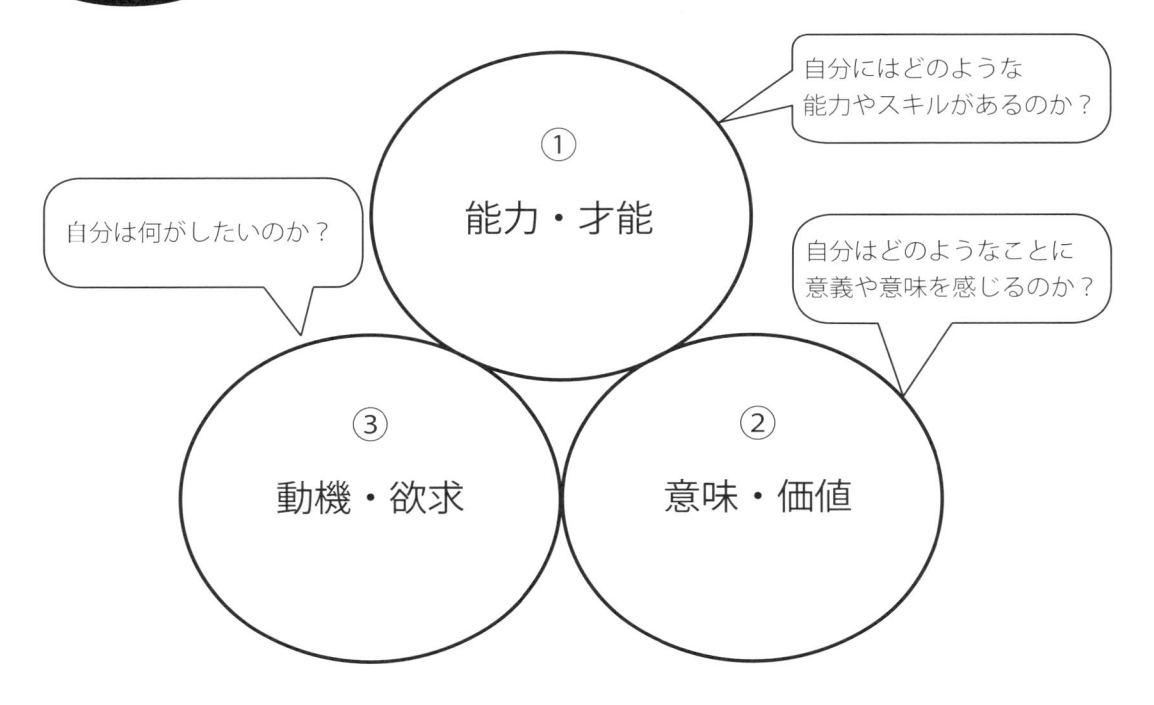

① 能力・才能 — 自分にはどのような能力やスキルがあるのか？

② 意味・価値 — 自分はどのようなことに意義や意味を感じるのか？

③ 動機・欲求 — 自分は何がしたいのか？

STEP—3　自己診断してみよう！

STEP-2に沿って自己イメージをチェックしてみよう。3つの問いを順に自問自答してみると、問い①に対する回答は＿＿＿＿＿＿＿＿＿＿
であり、問い②に対する回答は＿＿＿＿＿＿＿＿＿＿＿＿＿＿＿＿である。
その中でも問③に対する回答は＿＿＿＿＿＿＿＿＿＿＿＿＿＿＿になる。

～Memo～

STEP—4　周囲に耳を傾けよう！

＊希望を抱いて旅をするほうが、到着してしまうより素晴らしい（ロバート・L・スティーブンソン）
＊旅はどんなに私に生々としたもの、新しいもの、自由なもの、まことなものを与えたであろうか。旅に出さえすると、私はいつも本当の私となった（田山花袋『東京の三十年』講談社）

■ポイント / 教訓

キャリアは跡づけ評価と割り切って動き出しを大切にする

■さらなる発展的学習のための参考文献

＊齋藤 孝『新・齋藤流トレーニング「潜在力開発」71のメソッド』2007年、講談社
＊坂上 肇『やりたい！できる！やりとげる！』1992年、サンマーク出版

Ⅲ―旅路編：将来へ一歩踏み出す

54―人生の青信号

【用語の解説】シグナリング (signaling) とは、市場において情報の非対称性が存在するとき、私的情報を保有している側が情報を持たない側に情報を開示するような行動をとる場合をいいます。
⇔スクリーニング（情報を持たない側が情報を持つ側に情報を開示させるように選別を行うことです）

　「茹でガエル」現象とは、ビジネス環境の変化に敏感に対応することの重要性や困難性を指摘するために用いられる警句のひとつです。2匹のカエルを用意し、一方は熱湯に入れ、もう一方は緩やかに昇温する冷水に入れます。すると、前者は直ちに飛び跳ね脱出・生存できますが、後者は水温の上昇を知覚できずにやがて死亡するというものです。環境変化に対する察知能力がいかに大切であるかを示すたとえです。

STEP―1　ワークにトライしてみよう！

Q．あなた自身のこれからの将来における「赤信号（実現困難）」「黄信号（実現可能）」「青信号（実現容易）」の出来事をそれぞれ1つずつ取り上げ、その改善案について考えてみよう（20分）
＊左下の円を用いて、3つの出来事の重要度（割合）を3色塗り絵で表してみよう!!

＜赤青黄の配分＞

○○● 赤信号	＜問題点と改善案＞	
○●○ 黄信号	＜問題点と改善案＞	
●○○ 青信号	＜実行するための具体案＞	

≪板書説明≫勝ち組・負け組は、他者との相対評価ではなく、自分自身の中で満足できたかという絶対評価で計るべきものであることは言うまでもありません。だからといって、自分だけを直視してみえてくるものでもありません。やはり、自分自身で腑に落ちるためには、社会や世の中の動向に敏感であることも欠かせません。

STEP-2 人的資本論 vs シグナリング理論

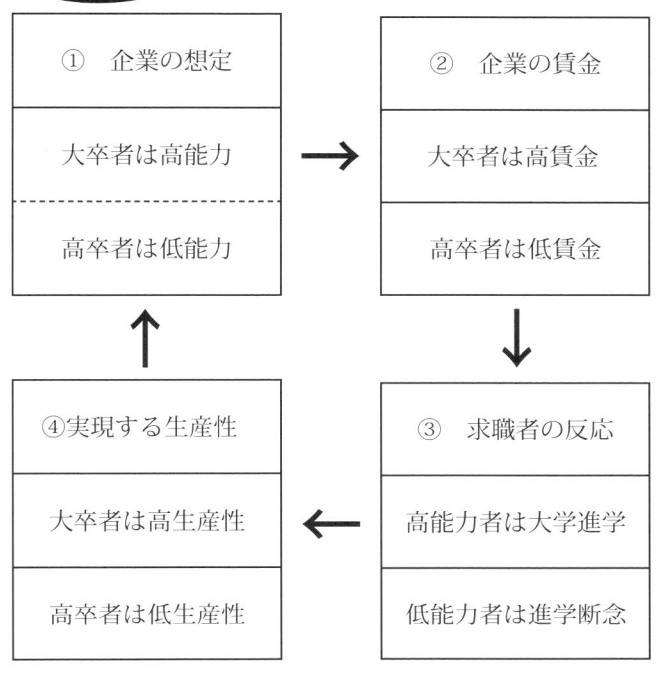

① 企業の想定
大卒者は高能力
高卒者は低能力

→

② 企業の賃金
大卒者は高賃金
高卒者は低賃金

↓

④実現する生産性
大卒者は高生産性
高卒者は低生産性

↑

③ 求職者の反応
高能力者は大学進学
低能力者は進学断念

←

　長い人生においては先行投資が必要になる時期があるかもしれません。労働経済学では、投資としての教育効果について、G.ベッカーの「人的資本論」とM.スペンスの「シグナリング論」の2側面から説明されます。企業の採用と学生の大学院進学問題を例にとると、企業側は求職者ひとり一人の能力を精査するのは困難なため、大学院入院（スクリーニング）をパスしたこと自体が能力の高さの信号（シグナル）となり、大学院卒の応募者を採用することが合理的とされます。

　図はシグナリングの状況を表しています。①②より、能力が高い人は大学（院）進学、能力が高くない人は大学進学自体にコストがかかるため進学断念が合理的な選択となるわけです。③は④に直結すると考えますので、理論上は企業側の想定（①）が正しいことになります。実際に、大学新卒採用においてターゲット大学を設けている企業が約3〜4割（2012年, HRプロ）という調査データもあります。しかし、大卒未内定（学卒無業）が社会問題になり、かつてのように「大卒」が一定効力を持たなくなっている現在、環境変化には常に敏感でありたいものです。

STEP-3 自己診断してみよう！

　STEP-2の教育投資の効果について、私は（ 人的資本論・シグナリング理論・不明 ）の考え方に賛同できる。その理由は＿＿＿＿＿＿＿＿＿＿＿＿＿＿＿＿＿＿＿＿＿＿＿＿＿＿である。
　自己キャリアの中で自分を表すシグナルとして＿＿＿＿＿＿＿＿＿＿＿＿＿＿＿＿＿があり、今後はそれを＿＿＿＿＿＿＿＿＿＿＿＿＿＿＿＿＿＿＿＿＿＿＿＿＿＿にしていきたい。

STEP-4 周囲に耳を傾けよう！

＊希望は未来の栄光を疑念をはさまずに待つこと（ダンテ『神曲』河出書房新社）
＊人間というものはいかなる場合でも、好きな道、得手の道を捨ててはならんものじゃ（司馬遼太郎『竜馬がゆく』文藝春秋）

■ポイント/教訓

幸福度を計る評価基準は自分で前向きに設ける

■さらなる発展的学習のための参考文献

＊阿部正浩・松繁寿和『キャリアのみかた』2010年、有斐閣
＊小塩隆士『教育を経済学で考える』2003年、日本評論社

Ⅲ―旅路編：将来へ一歩踏み出す

55―人生は真剣勝負！

【用語の解説】自覚的なキャリア形成：(=subjective career formation) とは、過去の自分をきちんと清算し受容しながら、これからの自分を前向きに築いていく生き方といえます。

　剣道で、面と小手と胴を着けて竹刀で試合をしている間は、いくら真剣にやっているようでも、まだまだ心にスキがある。打たれても死なないし、血も出ないからである。しかし、これが木刀で試合をするとなれば、いささか緊張せざるを得ない。打たれれば気絶するし、ケガもする。死ぬこともある。まして真剣勝負ともなれば一閃（せん）が直ちに生命にかかわる。勝つこともあれば、また負けることもあるなど呑気なことをいっていられない。勝つか負けるかどちらか一つ。負ければ生命がとぶ。真剣になるとはこんな姿をいうのである。(松下幸之助『道をひらく』1968年、22頁)

STEP―1　ワークにトライしてみよう！

Q．本書を手にとったあなたは、何らか節目にあるかもしれません。トランジション・サイクル・モデルを用いて、あなたの所属する組織（職場・学校・家庭）の大変な状況をくぐり抜けるトレーニングをしてみよう（15分程度）。

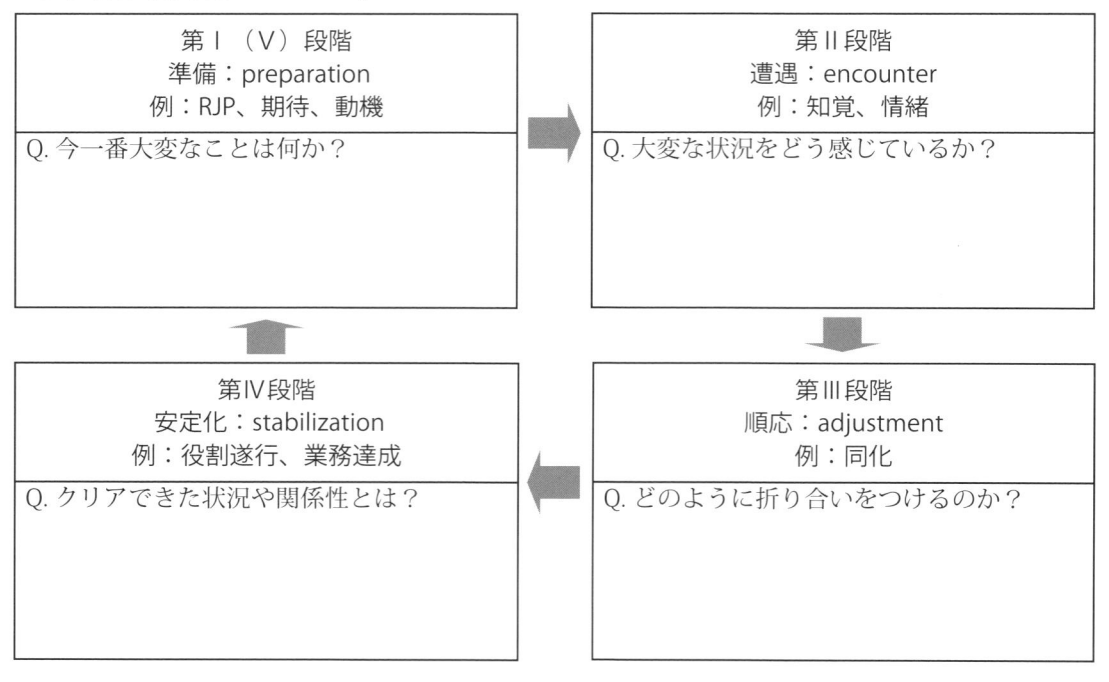

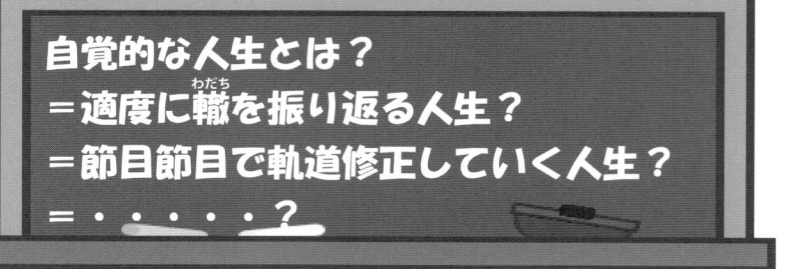

第Ⅰ（Ⅴ）段階 準備：preparation 例：RJP、期待、動機 Q. 今一番大変なことは何か？	第Ⅱ段階 遭遇：encounter 例：知覚、情緒 Q. 大変な状況をどう感じているか？
第Ⅳ段階 安定化：stabilization 例：役割遂行、業務達成 Q. クリアできた状況や関係性とは？	第Ⅲ段階 順応：adjustment 例：同化 Q. どのように折り合いをつけるのか？

自覚的な人生とは？
= 適度に轍（わだち）を振り返る人生？
= 節目節目で軌道修正していく人生？
= ・・・・・？

≪板書説明≫ W.ブリッジズは人生全般のトランジションを注目したのに対して、ニコルソンは大変な節目経験がキャリア発達に貢献するといっています。どのように考えるかは文字通り皆さんの主観によります。

●第6章—自己キャリアを育む

STEP-2 曖昧意識とキャリア形成との関連 (中嶌,2013)

◆若者の就業満足度・職業キャリアに対する意識

就業意識	とりあえず志向層		非とりあえず志向層		比率差有意確率（両側）
	平均	N (%)	平均	N (%)	
仕事内容満足	3.561	872(59.5%)	3.749	1688(65.5%)	.001***
待遇満足	3.203	620(44.7%)	3.290	1160(44.9%)	.862
職場環境満足	3.784	915(65.8%)	3.844	1747(67.7%)	.270
やりがい	3.765	928(66.8%)	4.000	1892(73.4%)	.000***

職業キャリア意識	とりあえず志向層		非とりあえず志向層		比率差有意確率（両側）
	平均	N (%)	平均	N (%)	
職業人生決定感	**3.631**	**1125(80.9%)**	2.823	1978(76.7%)	.003***
就業安定実感	—	1103(79.4%)	—	1921(74.5%)	.001***
将来ビジョン	3.203	701(50.5%)	3.340	1423(55.2%)	.004***
将来見通し	7.028年	902(64.9%)	8.550年	1733(67.2%)	.081

筆者は今日的な若者の職業志向性として初めて「とりあえず志向」を実証的に分析しました。入職10年程度の若手公務員を対象とした調査では、とりあえず志向で入職した層のほうが、入職してから「この仕事を一生涯の職業にしよう」と強く実感していることがわかりました（左図の太字）。この結果は、「とりあえず」という不明確な曖昧意識に基づく行動が就職困難な時代を自覚的に生き抜くための手がかりになり得ることを表しています。

STEP-3 自己診断してみよう！

これまでの自分の人生は＿＿＿＿＿＿＿＿＿＿＿＿＿＿＿＿＿＿＿だった。どちらかと言うと、自覚的に（ 過ごしてきた・過ごしてこなかった・不明 ）と思う。
　その理由は＿＿＿＿＿＿＿＿＿＿＿＿＿＿＿＿＿＿＿＿＿＿＿である。将来は＿＿＿＿＿＿＿＿＿＿＿＿＿＿＿＿＿＿＿＿＿＿＿な生き方をしたい。

～Memo～

STEP-4 周囲に耳を傾けよう！

＊未知の世界に自ら飛び込んで、やったことのないことをやることによって、使ったことのない脳が働き出す（医師 日野原重明）
＊最も長生きした人間とは、最も年を経た人間のことではない。最も人生を楽しんだ人間のことである（ルソー『エミール』岩波書店）

■ポイント／教訓

人生は自分らしさの発揮に向けた行動そのものである

■さらなる発展的学習のための参考文献

＊中嶌剛「とりあえず志向と初期キャリア形成―地方公務員への入職行動の分析」『日本労働研究雑誌』第632号、2013年、pp.87-101
＊竹田青嗣『自分探しの哲学』2007年、主婦の友インフォス情報社

■索引一覧■

≪人名索引≫

A
A. エリス（64）
A. バンデューラ（72）
A. マズロー（14）
アルダファー,C.P.（43）

B
B. デール（93）

D
D. ホール（119）
D. レビンソン（82）
D. マクレランド（56）
D. スーパー（28）

E
E.A. ロック（82）
E.H. シャイン（59）

G
G. ベッカー（123）
玄田有史（56）

H
H. エヴィングハウス（98）
ハリー、I（52）

J
J. ルフト（52）
J. クランボルツ（37）

K
Kusuma,H.E.（77）
金井壽宏（66）

L
ローラー（45）

M
M. アーサー（66）
M. スペンス（123）
三浦展（16）
宮城まり子（2）

N
ニコルソン（119）

P
ピーター（24）

S
S. ハンセン（112）

T
高橋俊介（18）
田坂広志（101）

W
W. ブリッジズ（124）

≪事項索引≫

あ
アイデンティティ（76）
青い鳥症候群（48）
アーチモデル（33）
イメージトレーニング（68）
ERG 理論（43）
内なる声（85）
エゴグラム（26）
エンパワーメント（104）
エンプロイアビリティー（90）

か
外的基準（49）
可処分時間（34）
価値観（28）
学校から職業への移行（102）
カフェテリアプラン（96）
間人主義（12）
感性教育（48）
間接学習（85）
機会費用（22）
企業研究（60）
企業の経営理念（60）
期待効用（22）
期待収益（23）
期待理論（45）
機能的価値（111）
希望学（70）
客観的キャリア（120）
キャリア・アイデンティティ（18）（119）
キャリア・アンカー（58）
キャリア・コンピタンシー（120）
キャリア・サバイバル（85）
キャリア・ショック（84）
キャリア・トランジション（113）
キャリア・ディレクション（59）
キャリア・デザイン（104）
キャリアの語源（12）
キャリアの定義（32）
キャリアの虹（32）
キャリア発達（32）
キャリア・ミスト（20）
キャリア・プラトー（40）
クオータ制度（80）
クレド（60）
ケ・セラセラ（78）
コアコンピタンス（24）
幸福度指標（70）
交流分析（26）
こころの砂時計（62）
コストパフォーマンス（110）
コップの理論（73）
コミットメント（118）
コミュニケーション（94）
コーチング（26）
コーピング（64）
コーリング（42）
5S（94）
5段階欲求階層説（14）
ゴーイングコンサーン（84）

さ
3人の石切職人（63）
CS ポートフォリオ分析（87）
シグナリング（123）
シグナリング理論（123）
自己報酬神経群（68）
死生観（62）
七五三現象（48）
シナリオ・ハンティング（116）
社会人基礎力（44）
社会的存在（12）
就職活動（46）
主観的キャリア（120）
職業キャリア（32）
職業適合性（28）
生涯賃金（110）
時間学基礎論（57）
時間 - 投資マトリックス（96）
自我（27）
ジグザグ・キャリア（78）
自己開示（53）
自己覚知（54）
自己概念（60）
自己効力感（72）
自己実現（15）
自己分析（60）
自己物語（74）
自己理解（52）
地元愛着（76）
地元志向（16）
自分探し（116）
自分史（74）
自分らしさ（100）
情報の非対称性（122）
ジョハリの窓（52）
ジョブ・シャドーイング（85）
ジョブホッパー（48）
心理的価値（111）
人生キャリア（36）
人生双六（74）
人生時計（39）
人生 80 年（34）
人的資本論（123）
スクリーニング（122）
ストレス（64）
ストレッサー（64）
ストレート・キャリア（78）
スナップボタン（106）

スネップ（56）
スポーツ・セカンド・キャリア（38）
セカンド・キャリア（38）
世代効果（110）
セパレーション（102）
セレンディピティ（36）
潜在意識（125）
損得分析（64）

た
体験学習（42）
中年の葛藤（84）
統合的生涯設計（112）
To Do List（99）
トランジション（113）
とりあえず志向（108）
ドリフト（105）

な
内的基準（49）
内的志向性（93）
日本的雇用慣行（90）
人間力（100）
能力開発構造図（103）

は
パーソナル・ブランディング（46）
バウンダリーレス・キャリア（78）
ビッグイシュー（92）
ピーク経験（15）
ピーターの法則（24）
ピグマリオン効果（94）
PDCA サイクル（117）
プロティアン・キャリア（79）
プラス志向（68）
プランド・ハプンスタンス（36）
ブランド化（54）
フリーター（110）
ベター・ライフ・インデックス（70）
忘却曲線（98）
ポータブル・スキル（90）
ポートフォリオ（86）

ま
マイナス志向（68）
3つの気（67）
3つの眼（20）
3つの問い - アーサー（66）
3つの問い - シャイン（121）
未来履歴書（46）
ミラー効果（94）

■解答解説一覧■

メタ認知（54）
メンター（94）
メンティー（18）
モチベーション（56）

や
やりたいこと志向（66）
茹でガエル（122）
夢の現実吟味（82）
4S（114）
4つのL（112）
4つの自己（52）

ら
ライスワーク（80）
ライフコース（62）
ライフサイクル（116）
ライフロール（32）
ライフワーク（80）
リアリスティック・ジョブ・プレビュー（84）
リアリティ・ショック（84）
リカレント教育（103）
リセット（64）
離職（48）
リフレーミング（72）
ルーツ（12）
ロール・モデル（44）
ログ活（74）

わ
ワーク・ファミリー・バランス（30）
ワーク・ライフ・バランス（30）
私の履歴書（47）

1. 自分のルーツ探し（13頁） STEP-3	親等数の数え方：自分を中心に垂直方向にみて離れるほど親等数が増えていきます。自分と最も近い親子関係は1親等です（姻族である配偶者の父母も同じ）。祖父母や孫は2親等、曾祖父母や曾孫は3親等になります。
2. 5段階欲求階層説（14頁） STEP-1	①360日 ②1億 ③お世話になった人に招待状を配ってもらう
5. 3つの眼を鍛える（20頁） STEP-1	①若い女性と老婆 ②世界地図と日本地図 トリックアート（だまし絵）とは目の錯覚により実際とまったく違ったものに見える不思議な世界のことであり、知覚心理学の分野では錯覚図形といわれます。目や脳が簡単にだまされてしまうことを理解し、多角的に物事を見る目を養ってほしい。
8. 自己キャリアの解体新書（27頁） STEP-3 の解釈	出っ張りが上（下）であるほど自我状態が高い（低い）ことを表し、折れ線全体が上半分（下半分）に位置する場合には心のエネルギーが高い（低い）ことを表します。また、自我状態は上下差としても表れます。
11. キャリアの虹（33頁） STEP-3	②の要因
12. 人生80年の時間（34頁） STEP-1	① 700,800 ② 292,000 ③ 102,200 ④ 100,000 ⑤ 104,400 ⑥ 102,200
28. イメージトレーニング（69頁） STEP-3 の解釈	流れ出た内容物の量は抱え込んでいるストレスの量に比例します。また、可燃物と不燃物の質的な違いは根深さの差とみることができます。
29. 幸福度指標（71頁） STEP-3	①高い
31. 自分を物語る（75頁） STEP-3 の解釈	過去に印象的な出来事が多かった（少なかった）人は、現在の位置が後半（前半）にくる傾向があります。
38. エンプロイアビリティ（90頁） 板書ノートの（5）（6）および STEP-3 の解答例	最後の問いの2つの例として、「健康」「金銭」「モノ」「チエ（経験）」「トキ（時間）」など、様々な解答が考えられます。
38. エンプロイアビリティ（91頁） STEP-2 の研究者の解答	上位順に、①化粧用の鏡②軽装のコート ③1リットルの水④懐中電灯 ⑤赤と白のパラシュート ⑥ビニールの雨具 ⑦45口径のピストル⑧磁石の羅針儀 ⑨航空写真の地図 ⑩「砂漠の動物」の本⑪約2ℓのウォッカ ⑫ガラスびんの食塩
48. 生涯賃金の感覚的把握（111頁） STEP-3	生涯所得計：2億4,200万円 生活費計：9,200万円 貯蓄計：1億5,000-6,000万円

●著者紹介

中嶌　剛（なかしま つよし）

・1974年 兵庫県生まれ
・2004年 同志社大学大学院経済学研究科博士後期課程単位取得退学、博士（経済学）
・現在 千葉経済大学経済学部教授。社会保険労務士、キャリアコンサルタント、専門社会調査士
・専門　労働経済学、キャリア形成論
・論文　「とりあえず志向と初期キャリア形成－地方公務員への入職行動の分析」『日本労働研究雑誌』No.632、2013年、労働政策研究・研修機構
「地元愛着の階層性と就業構造」『経済学論叢（中尾武雄教授古稀記念論文集）』第65巻第4号、2014年、同志社大学経済学会
・受賞歴　第14回（平成25年度）労働関係論文優秀賞（労働政策研究・研修機構）

キャリアデザイン入門テキスト
人生設計のためのパワースポット55選

2014年3月20日　初版第1刷発行
2024年1月31日　初版第7刷発行

著　者　中嶌　剛Ⓒ
発行者　鈴木宣昭
発行所　学事出版株式会社
　　　　〒101-0051 東京都千代田区神田神保町1-2-5
　　　　電話 03-3518-9655 https://www.gakuji.co.jp
組版・装丁　平　昌司
印刷所　精文堂印刷株式会社

ISBN978-4-7619-2044-9　C3037　　Printed in Japan